Pilgergeschichten vom Camino del Norte

Gedanken am Weg

Johannes Visosky

Pilgergeschichten vom Camino del Norte

Gedanken am Weg

Bibliografische Information der Deutschen Nationalbibliothek: Die Deutsche Nationalbibliothek verzeichnet diese Publikation in der Deutschen Nationalbibliografie; detaillierte bibliografische Daten sind im Internet über dnb.dnb.de abrufbar.

Verlag: BoD · Books on Demand GmbH, In de Tarpen 42, 22848 Norderstedt
Druck: Libri Plureos GmbH, Friedensallee 273, 22763 Hamburg

ISBN: 978-3-7597-6931-2

Johannes Visosky

Johannes Visosky wurde 1962 geboren. Er studierte Elektrotechnik, mit Abschluss Diplom-Ingenieur. Beruflich arbeitete er mehr als 36 Jahre als Entwicklungsingenieur in der Industrie, zunächst für hochauflösende Farbmonitore, später für elektrische Antriebstechnik und Magnetlagertechnik. Er spezialisierte sich auf Leistungselektronik und hält eine Reihe von Patenten auf diesem Fachgebiet. Seit April 2023 hat er sich aus dem Berufsleben in den Ruhestand zurückgezogen. Zu seinem 50. Geburtstag schenkte er sich den Pilotenschein für Ultraleichtflugzeuge, gefolgt von der Lizenz für Motorflugzeuge. Er hat sich bisher auf drei Jakobswege begeben, zwei davon führten durch Deutschland und einer durch Spanien.

Für meine Frau Jutta

Inhaltsverzeichnis

Freiheit 18

Baskenland.. 22

16. April: Bahnfahrt mit Hindernissen 23

17. April: Höhenweg von Irún nach Pasaia 25

19. April: Ave Maria... 26

23. April: Im Regen von Arnope nach Markina....... 29

26. April: Der langsamste Pilger des Planeten 33

28. April: Bummeln durch Bilbao 36

Kantabrien... 38

30. April: Dankbarkeit bei Castro-Urdiales 39

2. Mai: Strand-Geburtstag in Laredo 40

5. Mai: Begegnung mit Ernesto in Güemes 42

6. Mai: Dunas de Liencres und Apollo 12............... 46

7. Mai: Kleine Camino-Philosophie in Santillana 47

Asturien... 50

10. Mai: Glimpse of Eternity 51

12. Mai: Naves de Llanes..................................... 53

13. Mai: Ribadesella...55

15. Mai: Halb-Weg-Party in Vega 57

16. Mai: Villaviciosa und Sonnenstürme 59

17. Mai: Die Taxi-Herberge von Peón......................61

18. Mai: Begrabener Hund in Tabaza 66

19. Mai: Schlüssel zum Glück.................................69

20. Mai: Der Weg ist das Ziel 71

21. Mai: Wir sind nie allein 74

23. Mai: Bergbauer und Überlebenswille...............78

24. Mai: Bequemlichkeit 82

25. Mai: Sidra in Navia 86

26. Mai: Schaukeln am Strand 90

27. Mai: Der Blick aufs weite Meer........................94

Galicien...97

29. Mai: Die Herberge Tentempé Peregrino 98

30. Mai: Wiedersehen in Mondoñedo...................101

31. Mai: Große und kleine Ängste 105

1. Juni: Christophorus und die stählerne Brücke...112

3. Juni: Alpine Farben und Glück 114

4. Juni: Kloster ohne Frühstück 118

6. Juni: Camino Francés: Ärger steigt auf 122

Santiago de Compostela 127

6. Juni: Einlauf in Santiago 128

7. Juni: In der Kathedrale 132

8. Juni: Wehmut 134

Fisterra 139

10. Juni: Frieden 140

Bilder vom Weg 146

Einleitung

Ich bin 62 Jahre alt, verheiratet. Unsere drei Pflegekinder sind erwachsen und schon aus unserem Haus ausgezogen. Ich wohne dort mit meiner Frau Jutta und unserer Australian-Shepherd-Hündin Luna.

Meine Kindheit war von Gewalterfahrungen geprägt. Ich wurde als Verschickungskind traumatisiert, als achtjähriger Junge, während eines sechswöchigen Aufenthaltes in einem Kinderheim. Vielen erging es so. Ein dunkles Kapitel deutscher Geschichte.

Als Jugendlicher wurde ich zum Elektrotechnik-Nerd. Später machte ich mein Hobby zum Beruf, arbeitete mehr als 30 Jahre als Entwicklungsingenieur in der elektrotechnischen Industrie. Ich liebte meinen Beruf, war erfolgreich und kreativ, brachte zahlreiche Innovationen auf den Weg.

Da war immer dieses Freiheitsbedürfnis in mir. Zum 50. Geburtstag schenkte ich mir den Pilotenschein.

Ein spirituelles Erlebnis im Mai 2015 machte mich zum Suchenden. Es veränderte sich zunächst nicht viel in meinem Leben. Doch da war das nagende Empfinden, dass in meinem Leben etwas nicht im Reinen war.

Nachdem ich eine Luftfahrt-Messe in Friedrichshafen besucht hatte, fuhr ich anschließend hinauf auf den Pfänder, ein Berg bei Bregenz. Dort begegneten mir zwei Frauen, die auf einer Pilgerwanderung von München in die Schweiz unterwegs waren. Sie zeigten mir ihre Pilgerausweise vom spanischen Jakobsweg. Da wusste ich: Das ist auch mein Weg!

Für den Frühling 2020 war der Flug zur Pilger-Reise nach Spanien schon gebucht. Dann kam die Pandemie dazwischen. Im Herbst wurde es wieder nichts mit Spanien, wegen der Pandemie. Ich traf kurz entschlossen die Entscheidung, in Deutschland auf der Via Regia zu pilgern, von Görlitz an der polnischen Grenze bis nach Vacha an der einstigen innerdeutschen Grenze. 460 Kilometer in drei Wochen. Der Plan, allein zu gehen, ging nicht auf. Schon am ersten Tag begegneten mir einige Pilgerinnen, und so waren wir fortan in einer Gruppe unterwegs. Diese Reise veränderte mein Leben. Ich öffnete mein Herz und befreite mich von meinen inneren Mauern.

In den darauf folgenden Jahren reduzierte ich meine berufliche Wochenarbeitszeit. Ein weiteres Mal begab ich mich auf eine Pilgerwanderung, die mich für zwei Wochen auf dem Elisabeth-Pfad von Eisenach nach Marburg führte. Diesmal war ich ganz allein unterwegs, nur mit mir.

Ich begann, mich für die menschliche Psyche zu interessieren, insbesondere für meine eigene. Ich erkannte, dass meine Kindheits-Traumata eine Last waren. Ich begann eine Therapie, arbeitete meine Traumata auf, und fand Wege, sie zu integrieren. Ich brauchte dazu etwa ein Jahr. Dann wagte ich mich in die "Höhle des Löwen", in das ehemalige Kinderheim im Schwarzwald, was heute ein Kloster ist. Dort gab es keine Löwen mehr. Eine der Schwestern führte mich durch das Gebäude. Wir hatten miteinander ein gutes Gespräch.

Endlich frei von meiner inneren Gefangenschaft, hatte ich Menschen kennengelernt, tiefe Gespräche über das Leben geführt und Freundschaften geschlossen, insbesondere mit meinem inneren Kind.

Inzwischen hatte ich meinen Beruf gekündigt. Er war mir mit zu viel Stress verbunden. Zu viel Stress ist nicht gut für die Gesundheit. Ich weiß nicht, wie viel

Jahre mir noch geschenkt werden. Ich möchte meinen Lebensabend genießen. Als Diplom-Ingenieur verdiente ich recht gut und lebe nun die zwei Jahre bis zum Renteneintritt von meinen Ersparnissen. Meine Frau ist wirtschaftlich unabhängig. Sie möchte noch etwas berufstätig sein.

Ein Jahr ist nun seit meinem Berufsausstieg vergangen, in dem ich sehr zu mir selbst gefunden habe. Haus und Garten waren meine einzigen Verantwortlichkeiten, andere Pflichten hatte ich keine. Ich mag Hesse und Rilke. Ich versuchte mich auch selbst am Dichten. Ich studierte als Gasthörer ein Semester Psychologie und Philosophie.

Dann packte ich meinen Rucksack, um meinen Traum wahr werden zu lassen: Den Camino del Norte zu gehen, etwas mehr als 800 Kilometer, von der französisch-spanischen Grenze, nach Santiago de Compostela. Ich fuhr mit der Bahn nach Hendaye, am selben Abend noch ging ich hinüber nach Spanien und übernachtete dort in Irun in der Pilgerherberge. Am nächsten Morgen ging ich los, auf dem Camino del Norte. Es war der 17. April 2024. Ich hatte so viel Zeit, wie ich brauchte. Es war völlig offen, ob und wann ich ankommen würde. Ich kam nach genau sieben Wochen in

Santiago de Compostela an, plus zwei Pausentage. Ich nahm mir unterwegs viel Zeit, saß an Orten, wo es schön war, schrieb manchmal meine Gedanken auf, die mir beim Gehen gekommen waren. An manchen Tagen schrieb ich und an anderen nicht. Der Weg durchs Baskenland war mit seinen Höhenmetern körperlich anstrengend. Durch Kantabrien und Asturien war es leicht zu gehen, es ging immer an der Küste entlang. In Galicien bog der Weg ins Landesinnere ab, und bis Santiago war es dann wieder hier und da etwas anstrengender.

Dieses Buch ist kein Reisebericht. Ich möchte Dich teilhaben lassen an meinen Gedanken, an meinen inneren Prozessen, an allem was ich unterwegs aufgeschrieben habe. Darum soll es hier gehen.

Das in den Kapitel-Überschriften angegebene Datum bezieht sich stets auf den Tag, an dem ich den jeweiligen Text aufgeschrieben habe, und nicht auf das Datum, an dem ich an dem jeweiligen Ort gewesen bin. Teilweise habe ich nämlich den Text an einem der darauf folgenden Tage verfasst. Nicht immer hatte ich Lust, etwas zu schreiben, an manchen Tagen war mir nicht danach. Ich habe in diesem Buch auf Fotos von Mitpilgern verzichtet, und ihre Namen geändert, um ihre Privatsphäre zu schützen.

Freiheit

Freiheit ist, wenn ich gescheh'n lassen kann,
ich renne nicht weg, nehme alles an.
Freiheit ist, wenn ich nichts festhalten muss,
alles ist Veränderung, alles ist Fluss.

Freiheit weiß, dass nichts ist, wie es scheint,
dass der Mensch mit der Maske innerlich weint.
Die Angst vor Verletzung, uns davor zu schützen,
das kann uns im Leben nicht wirklich nützen.
Der größte Mut ist Menschen vertrauen,
sich öffnen, um sich anzuschauen,
das macht uns weit, das macht uns frei,
es ist so leicht, es ist nichts dabei.

Freiheit ist, Menschen Freude zu schenken,
an die geliebten Menschen täglich zu denken.

Freiheit in der Partnerschaft ist:
Ich nehme Dich an, Du darfst sein, wie Du bist.
Ich kann mich Dir zeigen, so wie ich bin,
ich gebe mich Dir vertrauensvoll hin.

Freiheit ist, Freunden Raum zu geben,
um für sich in ihrer Freiheit zu leben,
zu kommen oder wieder zu gehen,
um sie vielleicht mal wiederzusehen.

Freiheit ist, uns nicht wichtig zu nehmen,
und uns ins Leben auszudehnen,
Liebe für uns selbst zu empfinden,
und uns in der Liebe mit Menschen verbinden.

Freiheit ist, wieder Kind zu sein,
dann tauchen wir tief in das Leben ein.
Freiheit ist, nichts haben zu wollen,
nichts leisten zu müssen und nichts zu sollen,
aufzugeben den erlernten Mist,
um zu dem zu werden, der man wirklich ist.

Freiheit ist, alles zuzulassen,
vor Freude überlaufen, zu scherzen, zu spaßen,
auch mal tief im Schmerz zu versinken,
um dann vom Geschenk der Hoffnung zu trinken.

Gefühle sind flüchtig,
sie kommen und gehen,
wir sind mehr als sie,
wenn wir das verstehen,

dann stellt sich die Gelassenheit ein,
das kann uns von unserem Leiden befrei'n.

Freiheit ist, sich vom Wollen befrei'n,
so wie es ist, so darf es sein,
wir nehmen uns liebend an die Hand
und lösen uns vom Widerstand.
Freiheit ist, wenn man das Leben liebt,
wo es im Außen doch keine Sicherheit gibt.

Hingabe, Demut und Dankbarkeit,
sie schenken uns Freiheit, sie machen uns weit.
Vergebung hat uns ganz befreit,
von diesem Gift der Bitterkeit.

Es fehlt Dir nichts, Du bist in Fülle frei,
das, was Du brauchst, hast Du dabei.
Das schenkt Dir tiefe Geborgenheit,
die Dich von Deinem Leid befreit.
Du bist geliebt, weil es Dich gibt.
Es ist das Leben, das Dich liebt.

Freiheit ist, nichts aufzuschieben,
im Moment zu leben, den Moment zu lieben.
Denn Du weißt es nicht, was morgen ist,
bedenke, dass Du sterblich bist.

Du findest die Freiheit in der Stille,
lauschend dem Herzen, gedämpft Dein Wille.
Freiheit ist, sich Fragen zu stellen
es werden sich Antworten dazu gesellen.

(Johannes Visosky)

Baskenland

"Es würde alles besser gehen, wenn man mehr ginge."

(Johann Gottfried Seume)

16. April: Bahnfahrt mit Hindernissen

Ich bin dann mal weg! Auf dem Camino del Norte, unterwegs nach Santiago de Compostela. Einschließlich Wasch- und Pausen-Tagen schätze ich mal acht Wochen. Keine Ahnung, ob ich da ankommen werde, hab gewaltigen Respekt vor den 840 Kilometer, mit den zahlreichen Höhenunterschieden. Aber versuchen will ich es.

Manchmal gehören Schmerzen dazu, beim Pilgern wie im Leben. Ich habe die Erfahrung gemacht, dass es geht", wenn man die Schmerzen akzeptiert. Aber es hat Grenzen. Ich werde meine Körper fordern, aber nicht überfordern. So wie in früheren sportlichen Zeiten wird es nicht mehr sein. Es darf Freude machen, und wenn es keine Freude machen sollte, werde ich wieder nach Hause fahren. Das habe ich mir versprochen. Ich muss nichts mehr leisten. Ich muss nicht irgendwo ankommen.

Die Bahnfahrt an die französisch-spanische Grenze ging mit Hindernissen los. Vom gestrigen Sturm lag ein Baum auf der Strecke. "Wird gerade noch klappen mit dem ICE nach Paris", sagt die nette Schaffnerin im umgeleiteten Bummelzug. Kurz zuvor wurde sie von einem wütenden alten Mann unfreundlich behandelt, wegen der Verzögerung, als sie seinen Ausweis sehen wollte. Zum Ausgleich bekam sie ein Lächeln von mir geschenkt.

Hat dann leider doch nicht geklappt mit dem ICE. In Paris war ich viel später als geplant. Dort musste ich das Ticket für den Anschlusszug nach Hendaye umbuchen. Da war eine lange Menschenschlange, ich hätte wieder den Zug verpasst. Dann hat mich eine Frau überraschenderweise abgeholt und an den Schalter begleitet, an allen Wartenden vorbei. Ich kam gleich dran. Ich war total überrascht. Die einzige Erklärung, die mir dazu einfällt:
Sie hat die Jakobsmuschel an meinem Rucksack gesehen. Ich war sehr dankbar für diese Bevorzugung, hätte sonst den Anschlusszug ein zweites Mal verpasst.

Ich bin spät in Hendaye angekommen und hatte noch ein wenig zu wandern, rüber nach Spanien, nach Irún, zur dortigen Pilgerherberge, am Anfang des Camino del Norte.

17. April: Höhenweg von Irún nach Pasaia

Die erste Etappe war körperlich sehr fordernd. Die Distanz von Irún nach Pasaia betrug nur 16 Kilometer, doch sie führte steil von Meereshöhe auf 550 Meter und wieder hinab. In halber Höhe hätte es auch noch einen einfacheren Weg gegeben. Die Mehrzahl der Pilger entschied sich für diesen einfacheren Weg, weil es regnerisch war und der Höhenweg in Wolken lag. Ich entschied mich für den höheren Weg. Und als ich oben an der Ruine des ersten Wachturms meine Mittagspause einnahm, besserte sich das Wetter. Der Regen wurde schwächer, die Wolken lösten sich auf. Der Anblick des Meeres war atemberaubend und bezaubernd zugleich. Es war Aprilwetter, gab immer mal wieder einen kleinen Schauer. In Pasaia fand ich Unterkunft in der Pilgerherberge Eremita de Santa Ana, einer kleinen Kapelle auf einer Anhöhe, mit angebauter Herberge. Ich spüre die Erschöpfung in jeder Faser meines Körpers.

19. April: Ave Maria

In Orio fühlte ich mich gestern Abend nicht besonders wohl. Der "Fischerort" unter der Autobahnbrücke mit seinen zahlreichen Wohnblocks scheint mir ein sozialer Brennpunkt zu sein. Hier will wohl niemand wohnen, und so wohnen hier die, die keine Wahlmöglichkeit haben. Nach einiger Suche entdeckte ich eine Taberna, wo ich inmitten des Lärms mein Bierchen trinken konnte. Die Stille der Natur hat meine Sensibilität gegenüber Lärm erhöht.

Von Orio mal abgesehen, sind mir die Menschen im Baskenland sehr sympathisch. Verständigung mit Worten schwierig, und mit Blicken und einem Lächeln leicht. Sie haben so eine Leichtigkeit. Auf dem Weg bin ich überwiegend ganz allein mit mir, in dieser schönen Natur. Ich begegne unterwegs selten einem Menschen, genieße das Alleinsein. Ich suche keinen Kontakt mit anderen Pilgern. Manchmal ergibt sich auch mal ein nettes Gespräch, wie gestern mit Gret aus Belgien. Und dann ging sie weiter, und ich blieb noch etwas sitzen. Und, klar: Bei jeder Pilger-Begegnung grüßt man sich mit "Hola" und "Buen Camino".

Im Fußgängertunnel von San Sebastian rührte mich die Musik der Geigerin zu Tränen (da war ich nicht der Einzige). Das Ave-Maria hat mich den ganzen Tag getragen. Beim Pilgern in dieser atemberaubend schönen Landschaft öffnet sich meine Seele auf besondere Weise. Während ich lange in dem Wald mit dem Bambus saß, klang das entfernte Grollen der Brandung bis zu mir herauf. Es hat meine Seele mit Frieden erfüllt. Auch das Ave-Maria klang noch in mir nach. Ich war so voller Dankbarkeit, für diesen friedevollen Moment.

Körperlich sind die ersten 150 Kilometer durchs Baskenland bis Bilbao ganz schön hart. Große Höhenunterschiede fordern mich. Teilweise war es steil, gleich die erste Etappe ging hinauf, auf mehr als 500 m. Bergab mit müden Beinen, über steinige, und – bei Regen – matschige und rutschige Wege: Man muss achtsam sein, wohin man den Fuß setzt. Abends tun dann alle Gräten weh. Am nächsten Tag geht es dann wunderbarerweise wieder. Ich bin ja nie mit Stöcken gepilgert, aber jetzt bin ich voll von ihnen überzeugt. Diese Wege wären ohne sie äußerst schwer zu gehen.

Der Körper scheint sich schnell anzupassen, an diese wahnsinnige Belastung mit dem 12 kg schweren Rucksack, über Stock und Stein. Es schmerzt hier und da, aber es "geht" von Tag zu Tag besser. Das Lungenvolumen scheint sich zu vergrößern, es fühlt sich jedenfalls so an. Man atmet ja viel und tief, wenn es steil bergauf geht. Die viele frische Luft tut mir gut. Die gestrige Sonne war einfach wundervoll, und der Blick auf das tiefblaue Meer begleitete mich den ganzen Tag. Es war ein zeitloses Gehen. Die Temperatur lag bei etwa 15 Grad, und oben in exponierten Lagen weht ein kalter Wind.

In jedem Ort ragen hier riesige Wohnsilos empor. Die Basken wohnen wohl so. Die Orte wirken dadurch etwas trostlos. Sport wird großgeschrieben. Überall finden sich weitläufig angelegte Sportanlagen, die von Aktivität nur so beben. Junge Menschen trainieren hier.

23. April: Im Regen von Arnope nach Markina

Es war gestern in der Pilgerherberge beim gemeinsamen Abendessen recht lebhaft und lustig. Viel Rotwein floss in die Kehlen. Und die Herbergsmutter zeigte mit ihrer Tochter ein Tänzchen, und dann brachte sie noch ein Lämmchen zum Streicheln rein. Meine Tischnachbarin Uli aus Dresden hat doch tatsächlich die Strecke, die ich in 6 Tagen gelaufen bin, in 2 Tagen geschafft (nein, ich bin nicht vor Neid erblasst, ich muss ja nichts mehr leisten). Sie hat schon mehrere Alpenüberquerungen gemacht. Sie läuft 40 Kilometer am Tag, auch über die Berge, machte das schon als Sechsjährige.

Wie ich schon geschrieben habe, hat mein Körper sich bestens angepasst. Es tut nichts weh, und abends bin ich nicht mehr so kaputt. Doch, eine Stelle an der Schulter schmerzt. Das tat sie auf den vorherigen beiden Pilgerwanderungen auch, und das darf sie. Ich erlaube es ihr.

Heute hat es die ganzen 19 Kilometer über die Berge heftig geregnet. Erst als ich gegen halb vier in Makina-Xemein ankam, hörte der Regen auf. Es gibt Schöneres, als bei starkem Regen in den Bergen zu wandern: Die Wege werden zu Schlammpisten, manchmal zu Sturzbächen, sind teilweise überflutet. Am Ende der Etappe ging es heftig bergab, der Weg wurde gefährlich rutschig. Ohne meine geliebten Wanderstöcke (die gar nicht teuer waren und richtig was taugen) hätte ich mich mehrmals auf die Nase gelegt. Aber: Große Teile des Weges waren gut zu gehen. Das gleichmäßige Gehen durch die Nebelschwaden hat eine fast meditative Wirkung, während der Regen auf das Vordach des Ponchos trommelt.

Ich verwende einen Regenponcho mit Ärmeln. Er geht über den Rucksack darüber und reicht bis runter zu den Knien. Das Ding ist Spitze. Das Beste daran ist das transparente Vordach, was verhindert, dass einem der Regen ins Gesicht schlägt. Es sieht witzig aus, aber es verhindert, dass die Brille nass regnet oder beschlägt. Und das ist wesentlich, um genau zu sehen, wo man hintritt.

Gegen die Kälte verwende ich bei Regen dünne Fingerhandschuhe, aus Polyester, mit integrierten Keramikpartikeln. Selbst im nassen Zustand halten sie die Finger an den Wanderstöcken warm. Das ist sehr angenehm. Leider ist mit ihnen keine Handybedienung möglich, was nachteilig ist. Im Zweifel braucht man zur Wegfindung manchmal GPS-Unterstützung. Nasse

Handschuhe sind schwer auszuziehen, und noch schwerer wieder anzuziehen.

Unter dem Poncho trage ich Funktionskleidung. Die wird schnell wieder trocken, wenn sie nass ist. Und sie wird nass. Unter dem Poncho wird man von innen nass, vom eigenen Schweiß. Man läuft sozusagen im eigenen Saft. Das ist unangenehm, aber unvermeidbar. Wenn man es einfach akzeptiert, gibt es kein Problem. Man geht ja schließlich auch freiwillig zum Aufguss in die Sauna.

Die Trekkingschuhe aus Leder, mit atmungsaktiver Membran, sind die besten Schuhe, die ich bisher hatte. Es drückt nichts. Sie hielten über 12 Kilometer im strömenden Regen absolut dicht. Dann haben sie sich den Fluten ergeben. Ich musste ja teilweise durchs Wasser damit gehen. Es wurde innen an den Zehen feucht, aber auch nach 19 Kilometer Dauerregen wurde es innen noch nicht richtig nass, nur feucht. Sensationell, und keineswegs selbstverständlich.

Es macht überhaupt nichts, nass zu werden. Wichtig ist, dass der Körper (zumindest der Torso und der Kopf) warm gehalten wird. Nur darum geht es. Dafür ist der Poncho wichtig. Wenn man mit dem Regenschutz in

Bewegung bleibt, kühlt man nicht aus. Ich komme bei Regen deutlich schneller voran als bei Sonnenschein, weil ich mich nicht ständig irgendwo hinsetze, um beispielsweise den Vögeln zu lauschen oder auf das Meer hinauszuschauen. Ich wandere ohne Pause einfach durch.

Und dann begegnete ich gestern in der Pilgerherberge der Amerikanerin aus Missouri, mit diesem komplizierten Namen, den man sich nicht merken kann. Wir waren beide früh angekommen. Ich saß auf der Terrasse im Schaukelstuhl, und sie hatte sich auf dem Sofa in eine Decke eingewickelt. Sie strahlte eine unerschütterliche Ruhe aus. Sie hat in den USA den Job gekündigt und ist nun in Europa auf der Walz. "Um wieder zu mir zu kommen", sagt sie. Wenn das Geld aufgebraucht ist, will sie in die Staaten zurückkehren, um wieder zu arbeiten. Sie wusste nicht, dass die Pilgerherberge in Deba geschlossen ist (weswegen ich 4 Kilometer vor Deba in dem Hotel mit der tollen Aussicht übernachtete). Also hat sie mangels Möglichkeiten im Bahnhof geschlafen, wo man sie mitten in der Nacht hinausgeworfen hat. Dann durfte sie auf der Polizeistation weiter schlafen.

26. April: Der langsamste Pilger des Planeten

In dem Jahr nach meinem Berufsausstieg wurde ich immer langsamer. Und nun – auf dem Camino del Norte – habe ich das Gefühl, der langsamste Pilger des Planeten zu sein. Wo es schön ist, setze ich mich hin. Wenn es bergauf geht, lasse ich mir Zeit. Der Tag ist lang genug. Ich komme stets in der Herberge an, auch dann, wenn ich mir unterwegs Zeit lasse.

Es ist unterschiedlich: Manchmal begegne ich den ganzen Tag kaum jemandem, und manchmal begegne ich vielen Pilgern. Und alle sind mit "Hola" und "Buen Camino" schnell an mir vorbeigelaufen, und meinem Blick entschwunden. Morgens geht in der Herberge meist das hektische Rucksackpacken los. Sie haben es eilig, loszukommen. Heute saß ich auf einer Bank, und ein vorbeiziehender Pilger fragte doch tatsächlich, ob ich müde sei. Nein, müde war ich nicht. Ich wollte einfach nur etwas auf dieser Bank sitzen.

Wenn Jakob aus Karlsruhe mir sagt, dass er noch zwei oder drei Tage "herausholen" muss, um es noch bis Santiago zu schaffen, bevor er wieder arbeiten muss, dann kann ich das nachvollziehen. Früher ging es mir genauso. Aber heute nicht mehr, ich bin langsamer und achtsamer geworden. Ich habe alle Zeit der Welt, um nach Santiago zu gelangen. Der Weg ist das Ziel, und ich genieße ihn.

Morgen früh werden wir Pilger um 6 Uhr mit Trommeln geweckt. Ich werde früh in Bilbao sein. Abendessen gibt es heute nicht, und Frühstück wird es morgen auch nicht geben.

In Bilbao habe ich ein Hotelzimmer gebucht, weil mir diese Gemeinschafts-Schlafräume gerade etwas zu viel sind.

Ich bin ja nun im Ruhestand. Ich habe in der Nacht schon wieder von der ehemaligen Arbeit geträumt. Die Abteilungssekretärin hat den Prototypen einer Turbomolekularpumpe für 50 € kaufen können. Was will die mit so einem Gerät? Ich träumte, sie nimmt einen Kollegen jeden Morgen zur Arbeit mit, weil der mit seinem Anus Praeter nicht Fahrrad fahren kann. Er hat gar keinen Anus Praeter, sein Darm war jedoch oft Gesprächsthema in den Arbeitspausen. Das Gehirn im Leerlauf denkt sich schon verrückte Sachen aus. Der Traum machte mir wieder einmal bewusst, dass ich meine ehemaligen Kollegen vermisse. Als ich wach wurde, war ich sehr froh, dass ich keinen Anus Praeter habe.

Das Rucksack-Pilgern wäre damit nicht möglich gewesen. Alle waren schon um halb 6 Uhr wach, weil ein Handy gebimmelt hat. Es brauchte keine Trommeln. So schön diese Herbergs-Pilgerbegegnungen auch sind, meine Nächte dort sind nicht besonders erholsam. Ich freue mich auf das Ausschlafen, morgen im Hotel. Werde mir öfter eine Hotelübernachtung gönnen.

28. April: Bummeln durch Bilbao

Heute bummele ich durch Bilbao, immer am Fluss Nervión entlang, nur eine kurze Etappe bis Portugalete zum Meer. Ich möchte Zeit für Bilbao haben. Mal gehe ich auf die schwankende Hängebrücke, und dann gehe ich wieder runter, und weiter auf dem Weg.

Es sitzt sich gut, in der Sonne. Der Traum vorgestern Nacht von dem Anus Praeter war wirklich seltsam. Ich kenne niemanden, der mit einem künstlichen Darmausgang lebt. Aber ich glaube zu wissen, wie mein Unterbewusstsein darauf kommt, und was es mir damit sagen möchte. Mit einem künstlichen Darmausgang lässt es sich sicherlich gut leben, aber es ist einem eben nicht mehr alles möglich. Der Bauchgurt des Rucksacks verträgt sich nicht mit so einer seitlichen Körperöffnung. Und es gibt für mich nur eine Konsequenz: Das, was mir möglich ist, zu leben, in vollen Zügen, meine Träume wahr werden zu lassen, und nichts aufzuschieben. Und genau das tue ich jetzt. Ich danke Gott für diese wunderbare Zeit. Jeder Tag hier auf dem Camino ist so ein Geschenk, auch dann, wenn es regnet. Und es fühlt sich gut an.

Ich bin mir sehr bewusst, dass mein Leben im Alter beschwerlich werden wird. Wenn es gut läuft, bleibe ich rüstig bis zu meinem Tod. So wie der alte Mann, der seinen 13. Camino geht (einmal hatte er im Schneesturm große Not). Wenn es Scheiße läuft, liege ich irgendwann in einem Pflegeheim den ganzen Tag in meinen Ausscheidungen herum, weil das überlastete Pflegepersonal keine Zeit für mich haben wird. Alles dazwischen ist möglich. Ich habe nur wenig Einfluss darauf, und es wird mir nur bleiben anzunehmen, was kommt.

Aber was ich tun kann: JETZT ganz leben, und das Leben in vollen Zügen auskosten, alles, was geht. Das mache ich nun.

Auf dem Weg durch Bilbao nach Portugalete traf ich Martina aus Genf. Sie sprach mich an, auf halbem Weg, und so gingen wir zusammen. Es war mal eine Ausnahme, ich wollte ja eigentlich allein gehen. Die Schwebefähre war ein Erlebnis: Es geht in einer Gondel, die an Seilen hängt, über das Wasser. Abends aß ich mit Martina noch zu Abend, dann trennten sich unsere Wege.

Kantabrien

Das Schicksal des Schmetterlings

"Welch größeres Glück
kann einem Geschöpf zufließen,
als sich an Freiheit zu erfreuen,
und in vollen Zügen
über alle Werke der Natur zu gebieten,
sich aufzuschwingen von der Erde
bis ins Himmelszelt,
sich von Blumen zu nähren,
wo immer sie auch sprießen
und sich alles zu nehmen,
was dem Auge gefällt."

(E. Spencer)

30. April: Dankbarkeit bei Castro-Urdiales

Heute habe ich die 200 Kilometer voll gemacht. Diese schöne Landschaft hat mich heute überwältigt. So wunderschön! Ein Radpilger nannte es "unbelievable", und das ist noch untertrieben. Durch diese prächtige Landschaft pilgern zu dürfen, erfüllt mich mit großer Dankbarkeit, bei diesem herrlichen Wetter. Und dass ich körperlich dazu in der Lage bin, dafür danke ich auch. Es ist gewiss nicht selbstverständlich. Es ist ein göttliches Geschenk, für das ich nicht genug danken kann.

Pilgern ist einer der möglichen Wege, um im Herzen zu verstehen, welch ein Geschenk das Leben ist. Es gibt Berichte darüber, dass auf dem Jakobsweg früher oder später Tränen fließen. Es stimmt. Dafür mag es mehrere Gründe geben, sicherlich auch sehr individuelle. Meiner Erfahrung nach geschieht es, weil das Herz sich öffnet. Man sieht dann mit dem Herzen gut (Zitat aus "Der kleine Prinz", von Antoine de Saint-Exupéry). Aus meiner Sicht ist es genau das, was mit "Gottes-Erfahrung" gemeint ist.

2. Mai: Strand-Geburtstag in Laredo

Im Grunde genommen bedeutet mir mein Geburtstag nicht mehr sehr viel. Er ist ein Tag wie jeder andere. Klar, ich bekomme viele Glückwünsche, via WhatsApp schneien sie gerade rein, sogar aus Asien. Aber seit ich diese Dankbarkeit in mir habe, ist jeder Tag ein Geburtstag. Jeden Morgen werde ich neu geboren. Und wenn es einen Geburts-Tag in meinem Leben zu feiern gibt, dann ist das der 10. Mai 2015. An diesem Tag kamen die innere Sicherheit und die Dankbarkeit in mein Leben. Ich durfte einmal kurz hinter die Kulissen dieses Lebens-Theaters schauen.

Mein Geburtstags-Morgen begann mit einem köstlichen Frühstück. Die Bedienung war eine von diesen Menschen, denen die Lebensfreude aus jeder Pore heraus leuchtet. Sie wird mir wohl ein Kompliment gemacht haben. Ich verstehe ja kein Spanisch, aber ich habe es an der Mimik ihrer Kollegin bemerkt. Sie bediente, schleppte Stühle, kassierte, und alles mit einem Lächeln im Gesicht. Wie schön, an meinem Geburtstag so einem Menschen zu begegnen. Es gibt nicht viele von ihnen auf der Welt.

In den Herbergen und unterwegs bin ich in den zurück-
liegenden zwei Wochen während der 224 Kilometer
interessanten Menschen begegnet. Vielen gemeinsam
war, dass sie Sicherheiten aufgegeben hatten, um Freiheit zu finden. Den Job gekündigt, auf Wanderschaft
gegangen, bis das Geld aufgebraucht ist ... Das Pilgern
öffnet das Herz. Pilgern lehrt, das Jetzt und das Kom-
mende anzunehmen. Pilgern lehrt, zu vertrauen. Der
Pilger macht sich keinen Kopf mehr. Er geht immer
Schritt für Schritt.

Unser Bedürfnis nach Sicherheit ist anerzogen. Es
schränkt unser Leben ein. Wir können es jederzeit aufgeben, wenn wir nur wollen. Es dämmert mir, dass die
Kriegstraumata mitverantwortlich sind für dieses Si-
cherheitsbedürfnis, das die Menschen dazu bringt, ihre
Freiheit aufzugeben. Diese Traumata wirken über mehrere Generationen.

Der heutige Pausentag in Laredo und die Meerluft werden meinem kratzenden Hals guttun. Das 40-Euro-
Hotel hätte mehr als einen Stern verdient. Es ist sehr
gemütlich. Und es hat einen Stöpsel für das Waschbecken. Eine gute Gelegenheit, meine verschwitzten Sachen mal durchzuwaschen.

5. Mai: Begegnung mit Ernesto in Güemes

Die Pilgerherberge von Güemes ("Hümes" ausgesprochen) war was ganz Besonderes. Der Herbergsvater Ernesto hat die Welt bereist. Überall an den Wänden waren Bilder von seinen Reisen zu sehen. Ein weitläufiges und schönes Herbergsgelände haben er und seine Familie hier aufgebaut, wo man sich als Pilger sehr heimelig fühlt. Manche Pilger leisten da zwei Wochen ehrenamtlich Dienst. Man wird freundlich willkommen geheißen, auf Deutsch, und man fühlt sich willkommen. Ernesto hielt eine einstündige Rede, und etwa 70 Pilger im Saal lauschten seinen Worten. „Reisen ist die Universität des Lebens", sagt er. So viele Menschen im Saal, wo kommen die denn alle her? Unterwegs begegneten mir nur wenige Menschen. Diese Herberge ist in der Welt bekannt, und sie zieht die Pilger an.

Ich war im Schlafraum einer deutschen Gruppe mit untergebracht. Beim Abendessen saß ich mit ihnen am Tisch. Je ein Ingenieur saß mir zur Rechten und zur Linken. Otto ist Projektleiter in der optischen Industrie. Und so kannte er natürlich die Turbomolekularpumpen, deren Antriebselektronik ich in meinem früheren beruflichen Leben mal entwickelt habe (mit Turbomolekularpumpen kann man ein Vakuum erzeugen, das leerer ist als der Weltraum). Und Karl entwickelt Mixed Signal ASICs (anwendungsspezifische Chips mit analogen und digitalen Funktionen), was ja in meinem früheren beruflichen Leben auf Anwenderseite auch mal ein Thema für mich war. Natürlich haben wir darüber gesprochen, aber nicht sehr viel. Mein ehemaliger Beruf ist für mich schon ziemlich weit weg. Es war ein Saal voll Menschen zum Abendessen zusammengekommen. Ernesto hielt noch ein weiteres Mal eine kurze Ansprache.

Nach dem Abendessen ging ich mit Karl in den nahen Pavillon, wo noch ein kleines Gitarrenkonzert mit wehmütigen spanischen Liedern gegeben wurde. Hier waren nur noch wenige Pilger anwesend. Ernesto redete auch hier noch einmal. Alle konnten Spanisch, auch Karl, nur ich nicht. Aber ich hatte zum Glück eine Simultan-Übersetzerin. Ernesto ist sehr missionarisch. Der wichtigste Ort auf dem Camino sei diese Herberge, sagt er. In Santiago gäbe es nur eine Kathedrale zu sehen. Ich mag dieses Missionarische nicht. Aber was er über das Pilgern sagt, dem kann ich voll zustimmen. Das, was Ernesto predigt, das kann man in der Tat beim Pilgern erfahren. Die Bilderserie des Malers Cerezo Barredo an den Wänden des Pavillons gibt dieses zu Erfahrende sehr treffend wieder. Genau so habe ich es bei meiner ersten Pilgerwanderung 2020 auf der Via Regia erfahren dürfen.

Im ersten Wand-Bild wird die Last des Alltags gezeigt: Die Marionetten symbolisieren die Abhängigkeiten, die das moderne Berufsleben so mit sich bringt. Ernesto sprach von "seelenlosen Marionetten". Er ist schon etwas merkwürdig, aber es ist mir völlig klar, was er damit meint. Im zweiten Wand-Bild geht es um das "Miteinander Teilen", um die Bewegung und das "Einander Sehen". Der barfüßige Fuß soll den Kontakt zur Erde symbolisieren. Im dritten Wand-Bild geht es um das Naturerleben. Das vierte Wand-Bild thematisiert die Unterstützung und den Trost, den Pilger einander spenden, wenn sie auf dem Weg Herausforderungen begegnen, die sie auch mal zum Weinen bringen können. Im fünften Wand-Bild geht es darum, das Essen miteinander zu teilen. Im sechsten Wand-Bild haben sich die Menschen von der Last des Alltags befreit: Freie Seelen im Licht der Sonne.

Und genau diesen Prozess durchlief ich vor dreieinhalb Jahren auf der Via Regia, als ich mit dieser Gruppe von Frauen unterwegs war. Diese Reise vereinte alle Elemente, die in den Bildern dargestellt sind. Diese Reise hat mein Leben nachhaltig verändert. Als ich zurückkam, war ich nicht mehr derselbe.

Auf der diesjährigen Wanderung habe ich mich ganz bewusst dafür entschieden, ganz allein zu gehen. Das ist ein ganz anderes Pilgern. Ich komme dabei mit mir selbst in Kontakt, und diese Reise nach innen, das ist für mich gerade dran.

Ernesto kann es nicht predigen. Man muss es selbst erfahren. Er hat es ja auf seinen Reisen auch selbst erfahren dürfen. Für diese Erfahrung braucht es den ganzen Weg, und nicht nur eine Herberge. Ich stimme ihm in diesem Punkt zu: Santiago ist nicht wichtig. Denn der Weg ist das Ziel. Gefühlt wird das Leben im Körper, und nicht im Kopf. Aus DIESEM Grund ist das Pilgern die "Universität des Lebens". Ich fühle mich nach diesen Wochen täglichen Gehens körperlich so gut wie ich mich nie zuvor gefühlt habe. Es atmet sich so frei. Atem ist Leben. Es ist ein Zustand, der im Alltag nicht erreichbar und nicht haltbar ist. Jedenfalls nicht, solange man noch berufstätig ist.

6. Mai: Dunas de Liencres und Apollo 12

Mitten im Nirgendwo wird mir ein komplett eigenes Apartment ganz für mich allein angeboten. Bei der Schlüsselabholung habe ich noch ein Bier mit drei etwas verrückten Pilgerinnen getrunken. Eine von ihnen kommt aus Köln, die zweite aus Frankfurt, und die dritte aus Florida, wobei die Frau aus Florida sich besonders exzentrisch gab.

Im Laufe des Gesprächs stellte sich heraus, dass die aus Florida auch Pilotin ist. Sie teilte öfters das Cockpit einer Cessna 172 mit Pete Conrad, einem der Astronauten von Apollo 12, bevor dieser tödlich mit dem Motorrad verunglückte.

7. Mai: Kleine Camino-Philosophie in Santillana

Kleine Camino-Philosophie, am Weg geschrieben:

Beim Pilgern wird mir wieder einmal sehr bewusst, welche Gnade es ist, wenn es den Menschen gut geht, mich eingeschlossen. Das Gehen gelingt mir ohne Anstrengung. Ich bleibe schmerzfrei, Blasen an meinen Füßen bleiben aus, auf solche Tricks wie Hirschtalg kann ich verzichten. Mein Körper hat sich schnell an die Belastung gewöhnt. Das Gehen macht mir Freude. Ich lebe in den Tag hinein, und wandere in die Welt hinein. Beim Pilgern geht es immer um den nächsten Schritt. Man verliert das Interesse, danach zu fragen, was morgen ist. Es kann sich alles jederzeit ändern, und dann habe ich es zu akzeptieren. Ich bin sehr verwundbar. Ein falscher Schritt, und der Camino ist gelaufen. Einmal bin ich voll umgeknickt, und zum Glück ist nichts passiert. Dafür bin ich dankbar.

"Alles ist Gnade", sagte schon Augustinus. Es ist eine Gnade, dass es uns heute in Deutschland so gut geht. Auch dafür bin ich dankbar. Es kann sich jederzeit ändern, und dann haben wir es zu nehmen, wie es kommt. Es muss nicht einmal so sein, dass wir Menschen eine globale Katastrophe verursachen. Die Natur kann das jederzeit auch tun. 1859 kam es zu dem Carrington-Ereignis, einem gewaltigen Sonnensturm. Außer, dass Funken aus den Telegrafen-Apparaten sprühten und Papier Feuer fing, geschah damals nicht viel. Wenn es das nächste Mal eine solche Intensität erreichen sollte, könnte es unsere Energieversorgung und unsere Kommunikations-Infrastruktur global für Jahre lahmlegen.

Fachleute wissen das. Innerhalb meiner ehemaligen Ingenieurskollegen kam das Thema ab und zu auf. Man könnte die technische Infrastruktur schützen, aber man will das Geld dafür nicht ausgeben. Wie auch beim Klimawandel verschließt man die Augen vor den Konsequenzen. "Man", das sind wir alle, die wir nichts dagegen tun wollen. Das ist keineswegs anklagend gemeint. So ist einfach die menschliche Natur. Auch auf dem Camino lebe ich ja ganz im Moment und interessiere mich nicht dafür, was morgen sein wird. Im Kleinen können wir schon etwas verändern (z.B. Bahnfahrt nach Spanien statt einer Flugreise, aus Gründen des Klimaschutzes), aber im Großen fällt es uns schwer. Weil die Menschen so sind, wie sie sind, sind die Menschen auf die göttliche Gnade angewiesen.

In diesen Jahren ist die Sonnenaktivität hoch. So ein Sonnensturm wird sich früher oder später mit Sicherheit wieder ereignen. Es könnte dann vermutlich Jahre dauern, alles wieder zu reparieren. Ich wäre ehrenamtlich dabei, würde meine Expertise gern einbringen. Ohne Strom funktioniert noch nicht einmal die Trinkwasserversorgung. Technisch sind wir sehr verwundbar. Die wenigsten Menschen wissen das. Auch nach so einem Ereignis würde das Leben weitergehen. Das Leben findet immer einen Weg. So ähnlich wie beim Pilgern würde es dann wohl sein: Leben auf einfachstem Niveau, und manchmal etwas unbequem. Daran würden wir uns zu gewöhnen haben. Wir würden es zu akzeptieren haben, denn wir hätten es so gewollt.

Asturien

"Ich zog in den Wald, weil ich den Wunsch hatte, mit Überlegung zu leben, dem eigentlichen, wirklichen Leben näher zu treten, zu sehen, ob ich nicht lernen konnte, was es zu lehren hätte, damit ich nicht, wenn es zum Sterben ginge, einsehen müsste, dass ich nicht gelebt hatte. Ich wollte nicht das leben, was nicht Leben war; das Leben ist so kostbar. Auch wollte ich keine Entsagung üben, außer es wurde unumgänglich notwendig. Ich wollte tief leben, alles Mark des Lebens aussaugen, so hart und spartanisch leben, dass alles, was nicht Leben war, in die Flucht geschlagen wurde."

(Henry Thoreau)

10. Mai: Glimpse of Eternity

"Je weniger Bedürfnisse ihr habt, desto freier seid ihr" (Immanuel Kant).

Die Wahrheit dieses Satzes von Kant erfahre ich gerade beim Pilgern. Welche Bedürfnisse habe ich in diesen Wochen? Essen und Trinken, abends eine warme Dusche, ein Platz zum Schlafen, manchmal Schutz vor Sonne, Regen und Wind. Und hier und da eine freundliche Begegnung, und sei es nur ein "Buen Camino". Alles Materielle, was ich brauche, trage ich auf dem Rücken. Das ist in diesen acht Wochen tatsächlich alles, was ich brauche. Und damit bin ich frei. Ich komme in einen Flowzustand, in dem es Körper und Seele gut geht. Es ist eine archaische Erfahrung: Der menschliche Körper ist dafür konstruiert, jeden Tag weite Entfernungen zurückzulegen, dabei Lasten zu tragen, und über Nacht vollständig zu regenerieren. Es ist immer wieder faszinierend, das beim Pilgern am eigenen Leib zu erfahren.

Wie frei und grenzenlos wir wirklich sind, erfahren wir selten. Am 10. Mai 2015 durfte ich mal das schauen, was manche Menschen "Glimpse of Eternity" nennen. Heute ist der 10. Mai. Es gibt kaum einen schöneren

Platz auf der Welt als hier, um diesen 10. Mai zu feiern, in zeitlosem Gehen, mit dem Blick auf die schneebedeckten "Picos de Europa".

12. Mai: Naves de Llanes

Der Link zu dem von Joan Baez gesungenen Song "Rejoice in the Sun" erreichte mich vorgestern über den WhatsApp-Status meiner Freundin Elli. Es ist die Filmmusik aus "Silent Running", einem Science-Fiction-Film aus dem Jahr 1972, den ich mir schon oft angesehen habe. Er hat wohl schon viele Menschen zu Tränen berührt. Eine Flotte von Arche-Noah-Raumschiffen rettet die letzten Wälder der Erde, die unter Glaskuppeln wachsen. Dann wird das Projekt aufgegeben, eine Kuppel nach der anderen wird abgetrennt und nuklear gesprengt. Astronaut Freeman Lowell kann da nicht mehr mitmachen. Jedes Mal, wenn ich mir diesen Film ansehe, identifiziere ich mich ein wenig mit ihm.

Auf meiner täglichen Wanderung durch eine der schönsten Landschaften dieser Erde wird mir schmerzlich bewusst, dass wir genau das tun: Wir zerstören diese wundervolle Natur. Nicht auf nuklearem Wege (was in der Zukunft auch nicht ausgeschlossen werden kann), jedoch durch die Konsequenzen unserer modernen Lebensweise und unseres Strebens nach Profit.

Es macht mich gerade traurig, dass wir das tun. Ich bin daran auch beteiligt. Beim Pilgern öffnet sich das Herz, und das Verdrängen funktioniert nicht mehr so.

13. Mai: Ribadesella

Auch im Hotel trifft man interessante Menschen. Gestern hatte ich einen netten Abend mit Barbara, die beim Deutschen Fernsehen als Abteilungsleiterin arbeitet. Der Cidra hat geschmeckt. Heute Morgen beim Frühstück waren wir zu viert. Ähnliche Motive und Lebensthemen prägen die Gemeinschaft der Pilger. Man kommt schnell miteinander ins Gespräch. Der Weg nährt uns wie eine Speise, und die Begegnungen sind das Gewürz, das ihr Geschmack verleiht.

Und dann wünscht man sich nach der Begegnung einen guten Weg und geht weiter. Um nichts in der Welt würde ich das Alleingehen aufgeben. Ich mit meinem Bummeltempo scheine wohl nicht so recht kompatibel zu sein mit der übrigen Pilgerschar. Viele, denen ich begegne, sehe ich nicht wieder. Sie sind schnell unterwegs, wollen ankommen, müssen schon bald wieder arbeiten …

Für kaum jemanden spielt Zeit keine Rolle, es scheint nur bei mir so zu sein. Welch ein Luxus! In dem Jahr seit meinem Berufsausstieg habe ich mich immer mehr entschleunigt, und diesen Weg setze ich auf dem Camino fort. Meine Standard-Etappenlänge hat sich so bei 17 Kilometer eingependelt. Je nach Übernachtungsmöglichkeiten schwankt sie zwischen 14 Kilometer und 24 Kilometer. Die 29 Kilometer waren mal eine Ausnahme. Das genügt mir. In den Herbergen komme ich morgens gegen 8 Uhr los, im Hotel so zwischen 9 Uhr und 10 Uhr. Der Tag ist lang genug zum Bummeln. Aus dem Gehen heraus manchmal sitzen und hinaus aufs Meer sehen, ab und an schreiben, liebe Menschen treffen, tiefe und inspirierende Gespräche führen … Und dann weiterziehen. So gefällt mir das. Und irgendwann werde ich, so Gott will, in Santiago de Compostela angekommen sein.

15. Mai: Halb-Weg-Party in Vega

Gestern habe ich am schönen Strand von Vega den Halb-Weg gefeiert, mit dem Rest Schoki. 423 Kilometer von 840 Kilometer sind gelaufen. Viele Strände lagen auf meinem Weg. Unter der Woche sind sie fast immer verlassen. Es ging ein starker Wind. Das Meer kochte, eine gewaltige, donnernde Atlantik-Brandung. In der Luft hing salzige Gischt. Ich sitze in diesen Momenten einfach nur da und genieße. Es sind Momente großen Glücks. Ein Strand ist schöner als der andere.

Die einheimischen Spanier hier sind sehr freundlich zu ihren Peregrinos, den Pilgern. Abends habe ich mit drei deutschen Pilgerinnen zu Abend gegessen, es gab einen leckeren asturischen Bohneneintopf mit Bier. Beim Pilgern öffnet man sich sehr füreinander, erzählt völlig unbekannten Menschen seine Lebensthemen. Alle haben so ihre Päckchen zu tragen, so wie beim Pilgern die Rucksäcke zu tragen sind.

Es ging im Gespräch auch darum, dass Pilgern manchmal schwer ist und Durchhaltevermögen braucht. Ich habe verwundert festgestellt, dass es für mich bisher noch nicht wirklich schwer gewesen ist. Das tägliche Gehen ist mir zur zweiten Natur geworden. Außer diesem vertrauten und erträglichen Schmerz an der linken Schulter (der irgendwie mit Kälte zu tun zu haben scheint) tut nichts weh. Es läuft sich leicht. Ja, die ersten 150 Kilometer durchs Baskenland waren hart, wegen der Höhenmeter, aber schwer war es noch nie. Es liegt vielleicht daran, dass ich die Etappen nicht zu lang wähle und auf ihnen im Bummeltempo unterwegs bin. Jedoch: Ein Tag stellte mich vor eine Herausforderung. Es war der Tag, an dem der Regen unaufhörlich fiel und der Weg über die Berge führte. Der Tag, als die Wege teilweise zu Sturzbächen wurden und teilweise überflutet waren. Der Tag, an dem es matschig war, und bergab so rutschig, dass ich auf der Hut sein musste, um nicht hinzufallen. Was ohne meine Wanderstöcke sicherlich geschehen wäre. An diesem Tag war es schwer.

Ja, bei Dauerregen, wo man im Regenschutz schwitzend im eigenen Saft wandert, da kann das Pilgern schwer sein. Man lernt dann anzunehmen, was ist, und was kommt. Ich bin dankbar, dass ich in den knapp vier Wochen, die ich nun unterwegs bin, von ein paar Schauern abgesehen, nur zwei Regentage hatte.

16. Mai: Villaviciosa und Sonnenstürme

Ich hatte ja am 7. Mai in meiner "Kleinen Camino-Philosophie" vom Carrington-Ereignis des Jahres 1856 und von möglichen Auswirkungen von Sonnenstürmen auf unsere Technik geschrieben. Es sollte ein Beispiel sein, wie abhängig und verwundbar wir sind. Ich bemerkte, dass dieses Wissen meist nur den Experten bekannt ist. Zu diesem Zeitpunkt wusste ich noch nicht, dass sich am darauf folgenden Wochenende, am 11. Mai, dieser heftige Sonnensturm ereignen würde. Niemand auf der Welt wusste das am 7. Mai. Das diesen Sturm verursachende Ereignis fand nämlich erst am 8. Mai statt, und zwar auf der Sonnenoberfläche. Es ist schon eine merkwürdige Geschichte, völlig abgedreht. Ich habe keine Ahnung, warum mir dieses Thema am 7. Mai in den Sinn kam, vor diesem Ereignis.

Und jetzt ist allgemein bekannter geworden, was unserer technischen Infrastruktur bei einem schweren Sonnensturm passieren kann, weil das Thema in den Medien aufgegriffen wurde. Eine renommierte Wochen-Zeitung titelte: "Knapp am Blackout vorbei". Fünf Tage nach dem Sonnensturm habe ich heute Morgen am Handy erstmalig davon gelesen. Ich bin ja hier auf meiner Pilgerwanderung in Bezug auf Nachrichten weitgehend isoliert. Ich will mal acht Wochen nicht wissen, was Schreckliches in der Welt passiert.

Die Polarlichter über Marburg hätte ich auch gern gesehen. Zum Glück ging es ja in technischer Hinsicht glimpflich aus, es hat wohl nur ein paar Satelliten zum Absturz gebracht.

17. Mai: Die Taxi-Herberge von Peón

Gestern kam ich an der Kirche in Peón an. Dort sollte sich angeblich eine Pilgerherberge befinden. Ein solche war jedoch nicht zu sehen. Neben der Kirche gab es nur einen Friedhof. "Eine Herberge für die Ewigkeit", dachte ich mir. Die konnte wohl nicht gemeint sein. Beim Anruf unter der angegebenen Telefonnummer erfuhr ich, dass ich in 10 Minuten abgeholt werden würde. Der Herbergsvater persönlich fuhr mich mit einem Auto zur Herberge, die abseits vom Camino 3 Kilometer entfernt gelegen war.

Es waren gestern gute Gespräche, beim Abendessen in der Pilgerherberge. Der Tisch war international besetzt, sympathische Menschen, und bewegende Gesprächsthemen. Drei Frauen und drei Männer hörten einander aufmerksam zu. Eine Frau mittleren Alters aus Irland kam mir irgendwie bekannt vor. Eine weitere ältere Frau mit grauem Haar war in den Niederlanden losgelaufen, durch Frankreich, auf dem Weg nach Santiago. Schon seit einiger Zeit teilt sie ihre Wanderung in vierwöchige Abschnitte auf, um zwischendurch nach Hause zurückzukehren. Sie übernachtete während ihrer Wanderung durch Frankreich stets bei Privatleuten. Es existiert eine Liste dieser Herbergen. Diese Frau erzählte der abendlichen Runde von einem spirituellen Erlebnis, das sie hatte. Nach diesem Erlebnis konnte sie vergeben, was ihr angetan wurde. Ihre Geschichte hat alle am Tisch tief berührt.

Ich bewohnte in dieser Herberge ein Einzelzimmer. Mitten in der Nacht erwachte ich aus einem Traum. In diesem Traum machte mir eine Frau Vorwürfe, sie sehr verletzt zu haben. Wir konnten darüber reden. Sie konnte mir vergeben. Wir haben uns danach ganz lange umarmt. In tiefem Frieden erwachte ich aus diesem Traum. Ich wusste zunächst nicht, wer diese Frau war. Sie war etwa in meinem Alter, hatte graues Haar. Dann verstand ich: Die Verletzung fand in unserer Kindheit statt, im Sandkasten. Sie war damals meine Freundin gewesen. Ich war oft bei ihr zu Hause zum Spielen zu Gast. An diesem verhängnisvollen Tag hatte ich ihre Sandburg zerstört. Ich erinnere mich noch genau an die Szene. Ich hatte als kleiner Junge seinerzeit gar nicht verstanden, was an meinem Verhalten falsch gewesen sein sollte. Burgen waren aus meiner Sicht dazu da, angegriffen und zerstört zu werden. Sie lief weinend zu ihrer Mutter. Ich bekam einen Riesenärger. Nach diesem Vorfall durfte ich nicht mehr zu ihr. Ja, und heute ist sie wohl eine alte Frau, und ich bin ein alter Mann. Ich habe sie vor vielen Jahren einmal wiedergesehen. Da sah sie, glaube ich, der Frau aus Irland ähnlich. Es liefen ein paar Tränen über mein Gesicht, als ich verstand, was der Traum mir sagen wollte.

Nach dem Frühstück begab ich mich noch mal kurz zu der Frau, die vergeben konnte. Ich habe ihr dafür gedankt, dass sie am Vorabend ihre Geschichte geteilt hat. Sie sagte, dass sie sich beim Pilgern gern in Kirchen setzt. Es würde ihr guttun. Durch Frankreich wären alle Kirchen offen gewesen. Leider seien sie in Spanien meist verschlossen. Sie wirkte wieder recht verschlossen. Es schien mir, als ob sie kurz zuvor auf ihrem Handy eine schlechte Nachricht bekommen hätte.

Dann war Aufbruch angesagt. Alle Pilger wurden wieder mit zwei Autos nach Peón zurückgefahren, dorthin, wo sie am Abend zuvor abgeholt worden waren. Bevor ich meinen Weg fortsetzte, ging ich noch einmal zurück zu dieser Kirche "Iglesia de Santiago de Peón". Dort war ich ganz mit mir allein. Ich sprach ein Dankgebet. Ich sprach es vor der Kirche, weil diese verschlossen war und ich nicht hinein konnte. Mein Blick fiel auf einen Hügel, der mystisch im Morgennebel ruhte. In diesem Moment erreichten Sonnenstrahlen den oberen Teil des Hügels, und ein helles Licht war im wolkenverhangenen Himmel zu sehen. Aus Sicht des Verstandes wäre dieses Ereignis auch geschehen, wenn ich zu diesem Zeitpunkt nicht dort gestanden und gebetet hätte. Doch für mich hatte dieser Moment eine besondere Bedeutung. Jeder Moment in unserem Leben hat die Bedeutung, die wir ihm geben.

Dann machte ich mich auf den Weg. Es ging wieder etliche Höhenmeter bergauf. Der Matsch war von zahlreichen Wanderschuhen durchgeknetet worden. Der Weg wurde steinig. Ein Bach teilte sich seinen Weg mit den Pilgern. Doch dieser Weg bergauf war leicht zu gehen, ich fühlte mich leicht, im Nu war ich oben. Als es wieder bergab nach Gijón hinunter ging, durfte sich auch der Verstand einschalten. Ich wurde nachdenklich. Es scheint so zu sein, dass das Unterbewusstsein alles abgespeichert hat, was wir jemals erlebt und getan haben. Wirklich alles, nichts geht verloren. Ich bin nun seit vier Wochen täglich am Gehen, ganz allein mit mir. Das öffnet wohl innere Räume. Es braucht dann offenbar nur die passenden Trigger, und dann können sich alte ungelöste Konflikte erneut zeigen, und manchmal auch auflösen. Dieses ist mir heute möglich, weil die Trauma-Therapie und die Arbeit mit den inneren Anteilen es mir ermöglicht hat, in diesen Kontakt mit meinem Unterbewusstsein zu kommen. In der Therapie habe ich die schweren Traumata meiner Kindheit integrieren können. Und jetzt zeigen sich beim Pilgern auch noch einige andere "kleinere Sachen" zur Integration, die offenbar auch belastend für mich waren.

Während ein Erwachsener die Sandkastengeschichte als harmlos abtut, war sie für das Kind, was ja ein innerer Anteil von mir ist, eine schlimme Erfahrung. Es hat die Reaktion der Mutter seiner Freundin nicht verstanden. So funktioniert die menschliche Psyche. Sobald Kopf und Herz im Einklang sind, wird die Verbindung zwischen ihnen klar. Immer, wenn mein Kopf und mein Herz sich verstehen, wird mein Leben leicht. Es geschieht das, was Pestalozzi das Kopf-Herz-Hand-Prinzip genannt hat: Im Denken war ich schon immer stark (Kopf-Prinzip). Ich war ein Macher (Hand-Prinzip). Was ich mir vornahm, zog ich durch, und es gelang. Nur die Verbindung zum Herzen, das Herz-Prinzip, das hatte ich vernachlässigt. Nach Pestalozzi werden wir ganzheitlich, wenn wir diese drei Elemente Kopf, Herz und Hand miteinander verbinden können. Da liegt mein Entwicklungspotenzial. Das ist mein Camino, seit etwa dreieinhalb Jahren. Trauma-Therapie und Pilgerwanderung scheinen sich gut zu ergänzen.

18. Mai: Begrabener Hund in Tabaza

Wieder habe ich davon geträumt, dass ich vor langer Zeit mal einen Menschen verletzt habe. Ich war 10 Jahre lang als Angestellter in einem Familienunternehmen beschäftigt, wo er zunächst Geschäftsführer war. Ich habe mich unglaublich für dieses Unternehmen engagiert, es vermischte sich Beruf und Privates. Wir stiegen beide aus diesem Unternehmen aus, und ich half ihm als Angestellter eineinhalb Jahre lang mit viel Engagement, sein eigenes Industrie-Unternehmen aufzubauen. Ich gründete auch mal eine ziemlich erfolglose GmbH mit ihm. Während dieser Zeit verschwammen die Grenzen zwischen Beruflichem, Geschäftlichem und Freundschaft. Ich stieg aus der GmbH mit Verlust wieder aus. Dann kündigte ich einige Zeit danach meine Anstellung in seinem Industrie-Unternehmen, weil ich dort keine Zukunft für mich sah. Es war sehr schmerzhaft für ihn. Es war auch schmerzhaft für mich, weil ich einen Freund im Stich lassen musste. Danach trennten sich unsere Wege. Es war eine der besten und wichtigsten Entscheidungen meines Lebens, aber sie war ganz schön schwer. Das kam heute Nacht im Traum wieder hoch. Ich stelle fest: Die körperliche Bewegung beim Pilgern bringt im Bewusstsein ganz schön viel in Bewegung.

Ich habe beim Wandern im Regen viel darüber nachgedacht. Freund-lich wäre es gewesen, wenn er als Freund meine Entscheidung respektiert und mir Glück gewünscht hätte. Jeder ist seines Glückes Schmied. Kein Mensch kann von einem anderen erwarten, dass er aufs Schmieden verzichtet. Das gilt in jeder Beziehung. Ich bin heute froh, dass ich mich seinerzeit befreien und zu neuen Ufern aufbrechen konnte. Ich habe mein Glück geschmiedet, mein ganzes Potenzial entfaltet, alles, was für mich drin war. Dort, wo ich beruflich hingegangen bin, hatte ich die Möglichkeit dazu. Und mit einem Riesenerfolg habe ich mich im vorigen Jahr aus dem Berufsleben verabschiedet. Gut gelaufen. Es regnet immer noch stark. Läuft gut, keine Sturzbäche, nur eine einzige Überflutung. Noch 5 Kilometer zu gehen, bis Tabaza.

Ich bin den ganzen Nachmittag im Regen gewandert. In Gedanken versunken, habe ich einen Schritt vor den anderen gesetzt. Es ging durch eine öde Industriegegend. Nicht viel gab es zu sehen, was das Auge hätte erfreuen können.

Schritt für Schritt, Stunde um Stunde. Es gibt nichts zu sehen. Kleine Pause unter dem Dach einer Kirche, doch nicht zu lange, um nicht auszukühlen. Weiter, Schritt für Schritt. Geht es nun links oder rechts weiter? Kein Zeichen am Weg. Handy raus, Handy wird nass. Bin falsch abgebogen. Handy wieder rein. 500 m zurück, aha, da ist der gelbe Pfeil! Hab ich zuvor nicht gesehen. So vergehen die Stunden ...

Soeben höre ich in der Ferne die Autobahn lauter werden. Das Etappenziel ist an der Autobahn. Also ein erfreuliches Geräusch. An der Autobahn entlang, LKW-Parkplatz, Müll, ein bellender Hund, Blick auf rauchende Industrieschlote. Trostlosigkeit überall. Und da ist endlich die Pension, wo ich übernachten werde. Freundlicher Empfang, und zur Begrüßung eine Dose Bier. Dann die nassen Sachen aus, und unter die warme Dusche. Spartanische Unterkunft, kostet nicht viel. Beim WLAN-Passwort scheitert die Vermieterin, sie ist überfordert, wirkt genervt. "Freies WLAN" steht in der Leistungsbeschreibung. Praktisch, wenn man seine Fotos nach Hause auf den NAS-Server schicken möchte. Ich lasse es gut sein. Es gibt hier kein Restaurant. Hier an diesem einsamen verregneten Ort ist "der Hund begraben". Aber ich habe noch Müsliriegel, Kekse und eine Dose Bier im Rucksack. Ich bin frisch geduscht und habe es warm. Alles gut.

19. Mai: Schlüssel zum Glück

Gestern war es eine gute Erfahrung. Es ist wie aus einer alten Haut zu schlüpfen. Es ist die Erfahrung "Nicht mein Wille, sondern Dein Wille geschehe". Wir wünschen uns, dass das Unangenehme, dieser Kelch, wie Jesus es nennt, an uns vorübergeht. Dieser Wunsch lässt uns leiden.

Gestern war im Außen viel Trostlosigkeit zu spüren: Industrie, rauchende Schlote, Müll und viel Regen. Keine atemberaubende Landschaft, kein Meer, keine Sonne.

Der Schlüssel zum Glück, so wie ich ihn erfahre: Das Hier und Jetzt sowie das Zukünftige zu akzeptieren, seinen Weg zu gehen, und keine anderen Realitäten herbeizusehnen. Wenn außen alles trostlos, und grau, und nass, und kalt ist, dann kann es innen warm sein. Man kann es nicht aus Büchern lernen, aber sehr wohl, indem man sich darauf einlässt, es zu erfahren.

Ich bin nun in einen Lebensabschnitt eingetreten, wo ich mir erlauben kann, nichts mehr zu müssen. Im menschlichen Miteinander tue ich nur noch das, was andere wollen, wenn ich es auch will. Doch wir sind

Teil eines Ganzen, was größer ist als wir. Da ist Demut angebracht, und Hingabe. Jesus lebte es uns vor, am Kreuz. Und dann stand er von den Toten auf. Ich verstehe es allmählich. Diese Auferstehung ist das Leben. Hingabe ist das Ende des Leidens. So viele Menschen sind tot, bevor sie gestorben sind, sie leiden am Kreuz, weil sie wollen, dass ihr Wille geschieht. Das Leiden endet, wenn wir aus dieser Haut schlüpfen. So verstehe ich die Auferstehung von den Toten, etwas anders, als die Kirche es lehrt.

Und auf meiner Wanderung nach Santiago de Compostela darf ich erkennen:
Das Pfingstwunder geschieht in den Pilgerherbergen. Menschen aus vielen Ländern der Erde verstehen einander, in der Sprache des Herzens. So erfahre ich den Heiligen Geist.

20. Mai: Der Weg ist das Ziel

Wie gehe ich diesen Weg? Sehr bewusst, achtsam mit mir, und mit Ruhe, würde ich sagen. Das Gehen macht mir Freude.

Anfangs war es noch manchmal so, dass sich die letzten Kilometer "gezogen" haben. Das lag weniger an körperlicher Erschöpfung, als vielmehr an der Erwartung, "bald da" zu sein, bald am Ziel zu sein. Ich habe nun diese Erwartung nicht mehr, gehe die letzten Kilometer so wie die ersten Kilometer. Auch bei Regen ist das so. Und auch dann, wenn ich weiß, dass die warme Dusche nicht mehr weit ist, ist das so. Ich frage nicht mehr so nach Regen oder Sonnenschein. Ich freue mich, wenn es nicht regnet, und wenn es regnet, dann regnet es eben.

Um das Ziel geht es uns, wenn wir etwas erreichen wollen. Das war in meinem Berufsleben einmal wichtig. Mit meinem Ehrgeiz und meinem starken Willen konnte ich viel erreichen. Das war eine gute Zeit. Sie liegt jetzt hinter mir.

Jetzt geht es mir nicht mehr um ein äußeres Ziel. Es geht um den Weg nach innen, und um das Ankommen bei mir selbst. In dem Moment, in dem ich auf ein äußeres Ziel schaue, verliere ich mich im Außen. Der Weg nach innen geht nur Schritt für Schritt. Er braucht seine Zeit. Ich lerne hier, in Demut anzunehmen, dass ich auf diesem spirituellen Weg nichts beschleunigen kann. Auf dem Weg nach innen ist Ehrgeiz hinderlich. In dem Moment, wo ich etwas erreichen möchte, verliere ich mich. Und es ist nicht leicht, seine eigenen Schatten anzusehen, und sie in Demut anzunehmen.

Es ist offenbar so, dass ich beim Pilgern in wenigen Wochen zum Stoiker werde. Ich nehme an mir wahr, dass ich tiefenentspannt bin. Ich merke es besonders im Gesicht.

Vor einigen Tagen begegnete ich einem Mann, der japsend hinter mir mit rotem Kopf den Anstieg hochkam. Er hatte mich eingeholt. Wir saßen zum Ausruhen auf der Bank. Ich hätte ihm am liebsten gesagt "Geh doch langsamer". Ich habe es nicht getan, weil ich keine Rat-Schläge geben möchte.

Hier auf dem Camino gehe ich langsam, langsamer als andere, in meinem individuellen Tempo. Wenn es bergauf geht, gehe ich noch langsamer. Es ist auch temperaturabhängig. Ich ziehe möglichst wenig an und gehe so, dass ich nicht friere und nicht zu sehr schwitze. Ich achte auf meinen Körper, gehe so, dass ich mich wohlfühle. Etwas bummelig, mit relativ kurzen Tagesetappen. Natürlich braucht das seine Zeit. Die habe ich ja. Diese 500 Kilometer sind keine besondere Leistung, weil ich mich nicht besonders dabei angestrengt habe. Mein Körper hat sich angepasst. Mit Anstrengung könnte ich nun täglich 30 Kilometer gehen, aber wozu? Ich muss nichts mehr leisten. Ich bin nicht hier, um mich anzustrengen. Klar freue ich mich, dass ich 500 Kilometer gehen kann, und die restlichen 340 Kilometer vermutlich auch noch, und bin ein wenig stolz. Ego lässt grüßen. Irgendwann werde ich das nicht mehr können, mit fortschreitendem Alter. Damit werde ich einverstanden sein.

21. Mai: Wir sind nie allein

Auf dem Camino geschehen merkwürdige Ereignisse. Vor gut einer Woche begegnete ich zufällig Barbara, die beim Deutschen Fernsehen arbeitet. Dann begegneten wir uns später zufällig in einem Restaurant wieder. Dann waren wir nochmals später zufällig im gleichen Hotel untergebracht. Alles an unterschiedlichen Orten. Das Wiedersehen im Restaurant war schon sehr merkwürdig, weil es derer viele gab, und ich zuerst ein anderes Restaurant im Sinn hatte. Irgendetwas veranlasste mich, in genau dieses Restaurant zu gehen. Ich höre da auf meine Intuition. Ich kann Barbara nun erst einmal nicht mehr begegnen, weil sie auf den Camino Primitivo abgebogen ist. Wir stehen aber jetzt über WhatsApp miteinander in Verbindung.

Gestern schrieb sie mir, dass sie einer Elektrotechnik-Ingenieurin begegnet ist, die bei meinem ehemaligen Arbeitgeber arbeitet und sich mit Ladestationen beschäftigt. Diese erzählte ihr, dass sie vor zwei Jahren auf dem Camino zufällig ihren Senior-Chef getroffen hat.

Ich war total überrascht, konnte es nicht fassen: Ich arbeitete vor meinem Berufsausstieg auch in diesem gleichen Unternehmen, und ich hatte dort in einem Team von Ingenieuren eine bidirektionale DC-Ladestation für Elektro-PKW entwickelt. Ist das alles Zufall? Kann sein, ja. Für mich ist es kein Zufall. Ich glaube, es zeigt einfach nur, dass wir Menschen auf einer tieferen Ebene unter der Oberfläche miteinander verbunden sind, so wie auch die Bäume des Waldes über ihre Wurzeln und ein Pilzgeflecht miteinander verbunden sind.

Wir sind nie allein. Auch dann nicht, wenn wir allein unterwegs sind. Carl Gustav Jung nannte es das Kollektive Unbewusste. Er prägte in diesem Zusammenhang auch den Begriff der Synchronizität. Auf dem Camino ist unser Herz offen, und dann spüren wir wohl diese unbewussten Verbindungen. Wir sind offen für die kleinsten Impulse unserer inneren Stimme. So können sich solche "Zufälle" ereignen. Es sind, glaube ich, Manifestationen des kollektiven Unbewussten. Und der Kopf sucht immer nach Erklärungen ... Das Pilgern hat diese jahrhundertealte Tradition, weil es für die Pilger diesen göttlichen Bewusstseins-Raum öffnet, den die Christen den Heiligen Geist nennen. So sehe und erfahre ich es. Und jeder erfährt es wohl ein wenig anders. Die Kirche als Institution hat das nie respektiert. Wer das Dogma der Kirche leugnete, der hatte unter Verfolgung zu leiden.

Zahlreiche Religionen haben sich in der Welt herausgebildet. So vieles scheint uns Menschen voneinander zu trennen. Doch das Trennende entsteht, glaube ich, nur in unseren Köpfen. Ich glaube, es gibt nur ein Bewusstsein, das uns alle verbindet. Manche nennen es Gott. Reisen tut mir gut, weil es mich das Verbindende zwischen den Menschen erfahren lässt. Ich kann kein Spanisch. Oft verstehe ich trotzdem intuitiv, was die Menschen sagen. Da ist so viel Freundlichkeit und Verbundenheit zu spüren. In den Pilgerherbergen ist so viel Vertrauen zu spüren. Alles liegt herum, und es kommt nichts weg. Die Handys hängen an der Mehrfachsteckdose, wie die Melkmaschine an der Kuh. Ich bin nicht naiv. Mein Vertrauen hat Grenzen. Ich würde meine Brieftasche nicht offen herumliegen lassen. Ich bin noch immer etwas misstrauisch. Da ist noch der Glaubenssatz wirksam "Du musst immer gut auf Deine Sachen aufpassen". Es ist ein gelerntes Misstrauen, was oft nicht angebracht ist. Doch mein Vertrauen wächst auf dieser wundervollen Reise durch den Norden Spaniens.

Wenn ich allein gehe, komme ich mit mir in Kontakt. Wenn ich mit mir in Kontakt bin, komme ich mit Menschen in Kontakt. Es ist keine Sache der Quantität. Ich entscheide mich nun oft für Hotels, weil ich in den Pilgerherbergen nicht gut schlafe und dann morgens schlecht gelaunt bin, was dazu führen kann, dass ich den inneren Kontakt verliere. Auch wenn ich in Hotels übernachte, begegne ich Menschen auf dem Weg. Ich habe den Eindruck gewonnen, dass sich das Trennende durch das Reisen immer mehr verliert, und das Verbindende zwischen den Menschen immer mehr zum Vorschein kommt. Da wäre es bestimmt hilfreich, andere und mir fremde Kulturen kennenzulernen, was ich ja bisher noch wenig getan habe. Ernesto kam viel in der Welt herum, und als er am Ende seiner Reisen wieder zu Hause war, da eröffnete er die Pilgerherberge von Güemes, diesen wundervollen Ort der Begegnung.

23. Mai: Bergbauer und Überlebenswille

Ich fühle mich wie ein Bergbauer in einem abgelegenen Bergdorf. Ich gehe jeden Tag, wenn die Sonne aufgeht, meinem Tagwerk nach. Mein Tagwerk ist das Gehen. Und abends lege ich mich schlafen. Seit fünf Wochen mache ich nichts anderes. Ich bekomme nicht mehr mit, was in der Welt geschieht. All diese Grausamkeiten erreichen mich nicht mehr. Ich will sie nicht wissen. Es geht mir sehr gut damit. Manchmal können die Gedanken beim Pilgern schweigen, jedoch nicht immer. Es ist sehr von der Umgebung abhängig. In der Natur kommen die Gedanken manchmal zur Ruhe, und wenn der Weg auf der Straße verläuft, kommen die Gedanken wieder in Bewegung. Dann wollen sie aufgeschrieben werden, für mein Buch. Ich setze mich dann am nächsten schönen Ort hin und schreibe.

Ich frage mich gerade, warum ich mich zu Hause damit konfrontiere, mit diesen schrecklichen Nachrichten. Niemandem hilft es, wenn ich weiß, was in der Welt geschieht. Jeden Morgen lese ich zu Hause ausgiebig die Tageszeitung. Es ist einfach eine Gewohnheit. Ich wollte "mitreden" können, mit Kollegen, mit Kunden. Das ist nun in meinem Ruhestand alles anders geworden. In meinen Gesprächen geht es nicht mehr um diese Themen. Warum konfrontiere ich mich also zu Hause noch immer mit diesen Nachrichten von Leid und Tod, die so schmerzhaft für die Seele sind? Es steckt wohl mehr dahinter als "mitreden zu können". Darüber nachzudenken finde ich interessant:

Einer der Gründe hat wohl mit dem Überlebensinstinkt zu tun. Tief im Hinterkopf, im evolutionären "BIOS", gibt es (so ähnlich habe ich es gelesen) eine fest verdrahtete Logik, die nicht umprogrammiert werden kann. Die sagt uns menschlichen Wesen, dass derjenige überlebt, der die Gefahr kennt. Diese Instinkte sind bei allen Menschen vorhanden. Der eigene Körper will überleben, und der Nachwuchs soll überleben. Es hat überhaupt nichts mit Bewusstsein zu tun, es ist eine Körperfunktion des Kleinhirns. Wir können es auch bei Tieren beobachten: Sie sind besonders aggressiv, wenn sie Nachwuchs haben. Im Kleinhirn unterscheidet uns vermutlich nicht viel von den Tieren. Alles, was darüber hinaus geht, spielt sich im Großhirn ab. Das Großhirn hat bei Gefahr wenig zu sagen, es wird im Extremfall einfach abgeschaltet.

In meiner Kindheit war ich einige Male in Situationen, wo mein Überlebenswille aktiviert wurde. Vermutlich machte mich das als Erwachsener so willensstark. Das Wissen um diese Zusammenhänge ist hilfreich für mein

Selbstverständnis. Es erlaubt mir, gnädiger mit mir zu sein, mich selbst liebevoller zu behandeln, und Demut zu kultivieren. Ich war auf dieser Wanderung im Baskenland einmal in der Situation, dass beide Pilgerherbergen des Ortes geschlossen waren. Ich erfuhr es erst, als ich vor ihnen stand und vom Gehen müde war. Weit und breit schien es keine Übernachtungsmöglichkeit zu geben. Es machte sich ein Gefühl der Unsicherheit breit. Es kam wohl aus dem Kleinhirn. Im Schlaf sind wir wehrlos, und ein sicherer Schlafplatz scheint den Menschen existenziell wichtig zu sein. Dann konnte mein Großhirn wieder die Kontrolle übernehmen, und ich konnte überlegen, was nun zu tun sei.

Eine solche Situation hatte meine Pilgergruppe auf der Via Regia 2020 schon einige Male, weil es während der Pandemie schwierig war mit den Übernachtungsmöglichkeiten. Selbst da fanden wir immer eine Lösung.

Ich konnte das mit den Überlebensinstinkten auch am Anfang der Corona-Pandemie bei mir beobachten. Da war eine unbekannte tödliche Gefahr, und ich sah mir täglich das Video des Virologen Christian Drosten an. Ich sah mir die Infektionszahlen an. Ich wollte die Gefahr kennen. Vermutlich ist es so, dass dieser Instinkt bei den Menschen individuell unterschiedlich stark ausgeprägt ist. Ich kenne auch Menschen, die sehr gelassen mit der Pandemie umgehen konnten, sich nicht impfen ließen, und sie auch überlebt haben.

Im Nachhinein ist klar geworden, dass die Corona-Maßnahmen insgesamt mehr geschadet als genützt haben. Ich meine das nicht in Bezug auf das Impfen. Ich meine damit zum Beispiel die Schulschließungen. Kinder hatten lange Zeit so gut wie keine sozialen Kontakte, durften noch nicht mal auf den Spielplatz gehen. Angst ist kein guter Ratgeber. Und sie scheint mir weitaus ansteckender als ein Corona-Virus zu sein.

So ganz isoliert bin ich hier nicht. Ich kann mir erlauben, mich während meiner Pilgerreise den Nachrichten zu entziehen, wohl wissend, dass ich im Falle einer auf West-Europa übergreifenden Krise von meinen Lieben informiert werden würde, um nach Hause zurückzukehren, solange es noch möglich ist.

24. Mai: Bequemlichkeit

Ich stelle an mir fest, dass ich mit zunehmendem Alter zu Bequemlichkeiten neige. Gestern war ein Bach zu überqueren. Ich überlegte ernsthaft, ein Risiko einzugehen, um keine nassen Füße zu bekommen. Mit dem schweren Rucksack wäre ein langer Schritt hinüber auf einen rutschigen Stein riskant gewesen. Ich hätte abrutschen und mich ernsthaft verletzen können. Die Vernunft siegte. Ich watete an anderer Stelle durch den Bach. Die Höhe der Schuhe reichte gerade so aus, und so gab es keine nassen Füße.

Mir kamen meine Wanderungen in Neuseeland wieder in den Sinn. Als ich genau halb so alt war als heute, war ich noch nicht so pingelig. Es war in Neuseeland ganz normal, mit gefluteten Schuhen zu wandern. Die Neuseeländer sind so unterwegs. Es spricht nichts dagegen, es quietscht nur ein wenig. Ich ging seinerzeit durch Wasser einfach hindurch. Einmal ließ ich mich mit einer Cessna an die Westküste von Stewart Island fliegen, eine Insel südlich von Neuseeland. Eine beeindruckende Strandlandung. Als das Flugzeug weg war, war ich ganz allein auf mich gestellt. Es gab noch keine Handys. Zwar hatte ich ein kleines Amateurfunkgerät dabei, aber das hätte mir im Notfall nur an wenigen Stellen der Insel etwas genützt, weil Neuseeland weit entfernt war. Ich machte mir in diesem Alter keine Gedanken darüber, ob es ein Problem geben könnte. Ich wollte diese Insel von West nach Ost durchwandern, und ich zog es durch. Aus Erzählungen wusste ich, was auf mich zukommen würde. Es war mir egal. Ich erinnere mich sehr gut daran, obwohl es 30 Jahre her ist. Es ging anfangs durch ein Sumpfgebiet. Das schlammige Wasser reichte mir bis zur Hüfte. Dann führte der Weg im feuchten Tropenklima lange bergauf, es ging durch knietiefen zähen Morast. Es war körperliche Schwerstarbeit, die Füße immer wieder aus dem Morast zu ziehen. In der Mitte der Insel übernachtete ich total verschlammt in einer Hütte. Der zweite Tag war nun nicht mehr anstrengend, es ging bergab, bis zur Half Moon Bay, eine Bucht an der Ostküste. Die Inselüberquerung endete in Oban, der einzigen Siedlung der Insel. Von dort ging es per Schiff zurück nach Neuseeland. Mit 31 Jahren war ich nicht zimperlich mit mir, hart im Nehmen, und körperlich ziemlich fit. Das hat sich verändert. Mit 62 Jahren brauche ich dieses Extreme nicht mehr.

Ich bin nicht mehr jung und körperlich nicht mehr so belastbar. Darauf nehme ich normalerweise Rücksicht. Gestern war es körperlich sehr anstrengend. Das war nicht so geplant, es hat sich so ergeben. Es ging öfters bei hoher Luftfeuchtigkeit bergauf. Ich kam am Ende der langen Tagesetappe wieder in den alten und wohlbekannten Zustand hinein, wo ich wie ein Roboter funktioniere, und gar nicht mehr im Kontakt mit mir bin. Ich habe es dann bemerkt, und vor dem Ziel noch eine Pause gemacht. Nun saß ich etwas ausruhend in der Abendsonne und ließ mir von ihr den schweißnassen Rücken wärmen. Am Etappenziel war ich total erschöpft. Aber auch diesmal hat eine Nacht Schlaf zur Regeneration ausgereicht. Heute ist die gewohnte Power wieder da. Die Etappe ist kürzer als gestern, und sie ist einfach zu gehen.

Nadja aus Düsseldorf geht schneller als ich, aber ihre Etappenlänge entspricht etwa der meinen. Und so begegnen wir uns ständig wieder, mit "Hola again!" und schallendem Gelächter. Heute Mittag meinte sie, dass es langsam mal Zeit wird, dass wir ein Bier zusammen trinken. Sie wird nicht nach Santiago gehen. Sie geht einfach weiter an der Küste entlang. "Weil es am Meer so schön ist", sagt sie.

Übermorgen werde ich Ribadeo erreichen. Da werde ich mich vom Meer verabschieden, weil der Camino dort ins Landesinnere abbiegt. Als Nadja mir ihr Vorhaben erzählte, überlegte ich tatsächlich mal kurz, ob ich nicht auch an der Küste weitergehen möchte. Es ist so schön hier am Meer, und der Weg ist das Ziel. Ich habe es mir auf der Karte angesehen: Man kann nach Westen endlos direkt am Meer entlang wandern. Wenn man das bis zum Ort A Coruña macht, ist es von dort aus auch nicht mehr weit bis Santiago de Compostela. Aber natürlich wäre es insgesamt gewaltig viel weiter. Ein solches Vorhaben würde den zeitlichen Rahmen sprengen.

Ich werde bei meinem ursprünglichen Plan bleiben: Ich möchte diese Erfahrung machen, wie es ist, nach so vielen Wochen täglichen Gehens dieses Ziel zu erreichen, in Santiago einzulaufen, und inmitten der Pilgerschar auf diesem Platz vor der Kathedrale zu stehen. Ist es vielleicht mit dem Zieleinlauf auf dem roten Teppich beim Frankfurt Marathon 2004 vergleichbar? Aber die Idee, es später mal zu machen, ab Ribadeo an der Küste entlang, abseits des Camino, bis nach A Coruña, und von dort nach Santiago de Compostela zu gehen, diese Idee wurde heute geboren. Diese Küste mit ihren wunderschönen Sandstränden ist einfach traumhaft schön.

25. Mai: Sidra in Navia

Eben hielt ein älterer Herr mit dem Auto neben mir an, stieg mit einer Spiegelreflexkamera aus und hielt mir ein in Folie eingeschweißtes mehrsprachiges Papier unter die Nase. Er fragte mich durch die Vorlage dieses Papiers, ob er mich privat fotografieren dürfe. Ich erlaubte es ihm. So wie manche Menschen gern Flugzeuge fotografieren, fotografiert er gern Pilger. Er ist ein Peregrinospotter (eine Wortschöpfung von mir). Ich habe nun nach dieser verrückten Begegnung ein Bedürfnis nach diesem braunen koffeinhaltigen Zuckerwasser mit Eiswürfeln wahrgenommen, und das trinke ich nun gerade.

Als ich auf meiner heutigen Wanderung in Navia ankam, hatte ich Lust auf einen Sidra, den spanischen Cidre. Er ist nicht teuer, denn eine ganze Flasche kostet nur 3 €. Man bekommt ihn nicht überall. Die Intuition ließ mich auf Anhieb das richtige Lokal finden. Das Einschenken ist ein lustiges Ereignis: Die Flasche wird vom Barkeeper über den Kopf gehoben, und das Glas wird mit der anderen Hand etwas schräg auf Hüfthöhe gehalten. Dann wird der Sidra in dünnem Strahl ins Glas geschüttet. Auf diesem weiten Weg soll er Sauerstoff aufnehmen, was dem Geschmack zugutekommt. Man trinkt das Glas nach dem Einschenken in einem

86

Zug aus. Dann wird – wenn man mag – nachgeschenkt. Es gab gratis eine Eierspeise und ein kleines Tellerchen Erbsensuppe dazu. Die Rechnung: 3 €. Ich gab ein ordentliches Trinkgeld. Dann brachte der Barkeeper noch einen Pfannkuchen mit Zimt, als Nachtisch. Es ist so herrlich, das zu er-leben.

Die Freundlichkeit der Menschen hier in Asturien ist einfach wohltuend. Wenn ich vom Weg abkomme, mit Absicht oder nicht, halten die Menschen ihre Autos an, um mich darauf hinzuweisen. Schon oft habe ich das erfahren. Manche lassen zum Gruß ihre Scheiben herunter und rufen aus dem Auto heraus "Buen Camino". Es wird "Bon Camino" ausgesprochen. Als ich einmal an einem Wohnhaus fragte, ob ich meine leere Wasserflasche am Wasserhahn auffüllen dürfe, bekam ich eine Flasche Mineralwasser geschenkt. Die Menschen hier in Asturien nehme ich als sehr gelassen wahr. Von den Hunden mal abgesehen, habe ich es in den Wochen, in denen ich hier unterwegs bin, noch nie erlebt, dass sich jemand über irgendetwas aufgeregt hätte. Eine einzige Frau war einmal genervt, offensichtlich wegen Überforderung.

Den Pilgern wird hier viel Interesse und Wertschätzung entgegengebracht. Preislich attraktivere Pilgermenüs sind in einigen Restaurants erhältlich. Die Bedienungen haben anscheinend auch einige Freiheiten. Die Gratis-Zugaben zu meinem Sidra gab es für mich vermutlich, weil ich für jeden erkennbar als Pilger unterwegs bin.

Dieses Interesse und diese Wertschätzung für die Pilger ist mir auch in Deutschland begegnet, sowohl auf der Via Regia von Görlitz nach Vacha, als auch auf dem Elisabeth-Pfad von Eisenach nach Marburg, wenn auch nicht so stark wie hier, auf dem Camino del Norte.

An dem Barkeeper, der mir heute den Sidra einschenkte, konnte ich eine gewisse Leichtigkeit wahrnehmen. Sie passte zu der Leichtigkeit, mit der er den Sidra von der Flasche in das etwa einen Meter entfernte Glas beförderte. Er freute sich sichtlich, dass ich mich über die Gratis-Zugaben freue. Schön, dass ich so viel Zeit habe. Mein Bummeltempo ist Türöffner für Begegnungen am Weg. Ich kann ja kein Spanisch. Nur die wenigen Worte für meinen bescheidenen Pilger-Alltag sind mir mittlerweile geläufig. Wenn Worte fehlen, wird ganz besonders deutlich, dass Kommunikation über mehr als nur über die Sprache stattfindet. Der Spruch "mit Händen und Füßen reden" impliziert, dass Körpersprache eine wichtige Rolle in der Verständigung spielt. Aber das ist nicht alles. Man versteht sich von Herz zu Herz.

Wenn ich ganz offen bin, dann verstehe ich die Menschen intuitiv, von Herzen.

Ich glaube, einer der Gründe dafür, dass die Pilger hier so geschätzt werden, besteht darin, dass sie den Menschen etwas zurückgeben. Viele der Pilger (jedoch nicht alle) haben diesen Frieden auf dem Weg gefunden. Sie strahlen ihn aus, mit einem Lächeln im Gesicht. Ich nehme auch an mir wahr, dass ich den Menschen mit diesem Lächeln begegne. Anfangs ist es mir gar nicht so aufgefallen. Nun, wo ich seit fünf Wochen auf dem Weg bin, kann ich es spüren. Der Weg macht etwas mit mir. Wenn ich mit mir in Kontakt bin, freuen sich die Menschen, mir zu begegnen. Es ist nicht immer so. Es kam auch vor, dass ich den Kontakt zu mir verlor. Das war so an dem Tag, wo ich körperlich so erschöpft war und in das alte Muster des Funktionierens zurückfiel. Dann verschließe ich mich. Gut, es zu merken, und die Randbedingungen zu kennen, die mich in diesen Zustand bringen. Das versetzt mich in die Lage, diese Randbedingungen zu meiden.

26. Mai: Schaukeln am Strand

Am Strand "Playa de Porcía" machte ich Rast in einer Bar. Wegen des Sonntags herrschte dort reges Treiben. Es gab dort auch eine Schaukel, die an einem Baum angebracht war. Sie sah robust aus, und sie war frei. So begann ich zu schaukeln. Es war ein traumhafter Ort zum Schaukeln, fernblickend aufs Meer und den überfluteten Strand, der golden im Wasser schimmerte. Ich schaukelte lange. Es war einer der schönen Momente meines Lebens. Mein inneres Kind jubelte. Ich sah danach im Weitergehen, dass nach mir noch ein erwachsener Mann schaukelte. Wie schön!

Wie ist das Leben in den Pilgerherbergen so? Es gibt klare Regeln. Bei seiner Ankunft werden sie dem Pilger recht deutlich angesagt. Sie sind örtlich leicht unterschiedlich, aber immer ist es so, dass die Wanderschuhe aus den Zimmern draußen bleiben müssen. Manchmal bleiben sie auch außerhalb des Hauses. Der Grund dafür ist nicht nur die Verschmutzung, sondern auch der Geruch.

Bei Regen erreichte ich zum Beispiel eine Herberge, wo draußen ein Wäscheständer für die nassen Sachen stand. Man bekommt sein Bett zugewiesen. Es gibt in den Herbergen keine Trennung, auch nicht zwischen den Geschlechtern. Männer und Frauen schlafen in gemeinsamen Schlafräumen. Manchmal gibt es getrennte Sanitärräume. Gestern war der Schlafraum der Herberge voll bis unters Dach. Es gab Etagenbetten, wie fast immer. Es war etwas eng, wie so oft. Man hängt sich da dicht auf der Pelle. Man steht sich manchmal im Weg. Man muss auch mal warten, zum Beispiel am Waschbecken. Die Pilger nehmen Rücksicht aufeinander, mit einem Lächeln im Gesicht.

Ich habe in den Herbergen nie ein Territorialverhalten wahrgenommen. Damit meine ich dieses Inbesitznehmen, was man von Urlaubsorten kennt. Dieses typisch Deutsche, wo die Liege am Pool mit dem Handtuch in Besitz genommen wird. Dieses Verhalten gibt es in den Herbergen nicht. Es kam einmal vor, dass die letzte verfügbare Steckdose genau hinter meinem Bett an der Wand war. Eine Frau fragte, ob sie da ihr Handy laden dürfe. Klar durfte sie. Dann lag halt ihr Handy in meinem Bett. Es störte dort nicht.

Die Pilger nehmen den Frieden, den sie beim Gehen gefunden haben, in die Herbergen mit. Es ist dort eine Atmosphäre der Gelassenheit spürbar. Ich kann Kontakt mit den Menschen aufnehmen, kann es aber auch sein lassen. Man liegt herum, döst etwas, schreibt etwas, oder liest etwas. Man redet miteinander, oder auch nicht. Die Menschen sind authentisch, indem sie das machen, wozu sie gerade Lust haben. Manche wollen einfach ihre Ruhe haben. Ich hatte, als ich gestern ankam, kein Bedürfnis nach Kontaktaufnahme, habe viel lieber etwas geschrieben. Leider gab es kein Abendessen, und so ging ich in ein nahes Restaurant, und anschließend noch mal in eine von Einheimischen mit Leben erfüllte Kneipe. Das gemeinsame Abendessen in der Herberge hat mir gefehlt, weil man beim Essen eigentlich immer miteinander ins Gespräch kommt. Und manchmal sind es gute Gespräche, mit Tiefgang, wo sich die Menschen füreinander öffnen, und einander zeigen.

Ich erinnere mich wieder an eine Situation in einer Herberge, die schon etwas länger zurückliegt. Ein älterer Mann hatte morgens Mühe, aus dem Etagenbett über die Leiter herunterzukommen. Er war altersbedingt nicht mehr so beweglich. Ich beobachtete das aus meinem Bett. Da war dieser kurze Moment des Zögerns, ob ich eingreifen sollte. Soll ich ungefragt helfen? Oder schafft er es allein? Und dann war es fast zu spät. Das gesamte Bett kippte, und er wäre fast zu Boden gestürzt. Es ging gerade nochmal gut. Ich war echt froh, nahm mir dann vor, älteren Pilgern mein Bett zum Tausch anzubieten, sollte ich wieder eines unten zuge-wiesen bekommen haben. Sollte ich es bereits bezogen haben, mache ich den Bezug halt wieder ab. Ich bin noch in einem Alter, wo es mir körperlich keine Mühe macht, oben zu schlafen.

Letzte Nacht habe ich in diesem proppenvollen Raum wieder nicht gut geschlafen. Aber heute sind es nur 15 "leichte" Kilometer. Ich werde den Schlaf danach im Hotel nachholen. Die Schoki ist alle. Ich schnabuliere hier viel davon.

27. Mai: Der Blick aufs weite Meer

Härten gehören zum Leben dazu. Wenn wir sie meistern, macht uns das stärker. Doch wir sind nicht auf der Welt, um uns selbst Härten zuzufügen. Das habe ich in meinem Leben leider viel zu oft getan. Ich war hart gegen mich selbst.

Sie geistern auch in den Köpfen mancher Pilger immer noch herum, diese Glaubenssätze, in denen sie sich gegenseitig bestärken. Man liest es auch in den Texten übers Pilgern: "Ultreia", vorwärts, weiter! Weiter, auch wenn es weh tut! Es ist aus meiner Sicht ein ungutes "Gedankengut", was da möglicherweise dahinter steckt.

Ich war früher einmal mit einer Frau unterwegs, die mit heftigen Schmerzen wanderte. Sie biss die Zähne zusammen. Es war eine Härte gegen sich selbst, die sie auch in ihrem Alltag lebte. Früher hat mich das noch beeindruckt. Ich ging auf dieser Wanderung auch mal mit Schmerzen weiter. Für mich war es eine gute Erfahrung. Als ich die Schmerzen akzeptierte, und nicht mehr im Widerstand war, konnte ich sie ausblenden. Ich hatte trotz der Schmerzen Freude am Gehen in der Natur. Es war kein "Zähne zusammenbeißen". Das ist für mich ein gangbarer Weg. So würde ich hier auf dem

Camino auch weitergehen. Manchmal fühle ich auch hier einen Schmerz, in meiner linken Schulter, aber ich habe gelernt, ihn zu akzeptieren.

Die Härte gegen mich selbst ist nun nicht mehr mein Weg. Ein Tag mag es mal gehen, aber ich würde nicht mit heftigen Schmerzen weiter pilgern, wo ich die Zähne zusammenbeißen muss. Egal wie nahe ich dem Ziel bin, ich würde die Wanderung beenden. Ich muss nichts erreichen. Die Freude am Weg, und die Lebensfreude, darum geht es. Wenn es mal eine längere Etappe sein muss, wegen der Übernachtungssituation, dann darf es am Tag darauf eine kürzere Etappe sein.

Ich habe eben vom Camino einen kleinen Abstecher zum Meer gemacht, sitze auf einem Stück Treibholz, hinter mir die Steilküste. Ich schaue hinaus aufs Meer.

Den Blick aufs weite Meer werde ich vermissen. Er macht mich innerlich weit. Das Donnern der Atlantik-Brandung werde ich vermissen. Es schwingt in mir was Archaisches mit, wenn ich es höre. Ich erfreue mich an der Leichtigkeit, mit der die Möwen durch die Lüfte segeln. Ich liebe das Salz der Gischt auf meiner Haut. Das Meer kann ruhig sein, still ruht der See, und es kann schäumen vor Wut. Der Atlantik ist so viel intensiver als Nordsee, Ostsee oder Mittelmeer. Diese Intensität zu erwandern ist ein schönes Er-Leben.

Morgen werde ich ins Landesinnere abbiegen. Nadja habe ich nicht mehr wiedergesehen. Die Begegnung mit ihr diente wohl einfach nur dazu, diese Idee zu gebären: Wiederzukommen und ab Ribadeo weiter nach Westen am Meer entlangzuwandern.

Manchmal sende ich mir bei der Wanderung durch diese wundervolle spanische Landschaft das Adagio, aus dem Concierto de Aranjuez, von Rodrigo, auf die Hörgeräte.

Galicien

"Die Menschen bauen zu viele Mauern
und zu wenig Brücken."

(Isaac Newton)

29. Mai: Die Herberge Tentempé Peregrino

"Tentempé Peregrino" bedeutet Pilgerjause. Gestern Abend waren wir beim Abendessen in dieser Herberge nur drei Personen, zwei Männer und eine Frau. Wir hatten gute Gespräche. Es war wieder dieses Offene und Ehrliche spürbar. Das Leben schreibt Geschichten, und diese haben wir uns erzählt. Drei Menschen, die sich nahe kamen, die einander zuhörten, und die sich verstanden. Ich staunte, dass manche Menschen mit sich so klar sein können, über das, was sie wollen, und was sie nicht wollen. Mehr ist darüber nicht zu schreiben, weil man nicht be-schreiben kann, welche Prozesse da wieder einmal zwischen einander unbekannten Menschen gelaufen sind. Ich erlebte es nicht zum ersten Mal. Es war auch wahrnehmbar, dass wir Spiegel füreinander waren.

Es ist meistens so, dass diese Nähe nur beim gemeinsamen Abendessen entsteht. Auch diesmal war es so. Beim Frühstück war es wieder oberflächlich. Anfangs habe ich das bedauert, und nun akzeptiere ich es. Man nimmt wieder voneinander Abschied. Das Leben ist in seiner Tiefe geheimnisvoll wie das Meer, und manchmal dürfen wir ein wenig unter die Oberfläche schauen. Begegnung und Abschied, es ist wie Ebbe und Flut. Es ist so lebendig. Das Leben will fließen. In dem Moment, wo wir etwas festhalten wollen, ist es nicht mehr lebendig. Ich habe Jahre gebraucht, bis diese Erkenntnis in meinen Herzen angekommen ist.

Beim Pilgern entstehen oft besonders herzliche und authentische Begegnungen. Wie ist das möglich? Ist es möglich, weil sich die Menschen auf den Weg gemacht haben? Die meisten Menschen machen sich ja nicht auf den Weg. Es scheinen nur die Suchenden zu sein, und die, die bereits gefunden haben. Ich habe für mich erfahren dürfen, dass diese Erfahrungen nicht gut in den Alltag mitgenommen werden können. Das Pilgern scheint im Leben eine Ausnahmesituation zu sein. Ich finde gerade nicht die passenden Worte dafür. Lassen wir es so stehen.

Interessant fand ich, dass ich an diesem Gesprächsabend zu dritt nicht der Einzige war, der beim Pilgern nichts mehr sucht, weil er bereits gefunden hat. Einer von uns war noch auf der Suche, und zwei hatten schon gefunden. Das machte das Gespräch etwas spannend. Dreierkonstellationen sind für mich besonders interessant, weil sie in Menschen, die gut mit sich in Kontakt sind, ganz viel bewegen können. Wir drei gehen nun unseren Weg allein weiter. Ich beginne so langsam zu begreifen, dass die Begegnungen mit den Menschen auf dieser Wanderung einmalig bleiben wollen. Es könnte sein, dass ich eine Frau, die ich auf dem Weg kennenlernen durfte, irgendwann mal wiedersehe, aber ich bin mir nicht sicher. Es ist völlig offen, und das darf es sein.

Auch die anderen Pilger wechseln zwischen den Übernachtungsmöglichkeiten "Pilgerherberge" und "Hotel". Es ist nicht nur bei mir so. Ein Einzelzimmer in einer Pilgerherberge ist für mich die ideale Kombination. In der Nacht fand ich einen tiefen, erholsamen Schlaf. Ich träumte von meiner Zeit beim Militär, die ja jetzt weit über 40 Jahre zurückliegt. Es ist erstaunlich, dass da in der Ruhe des Weges so viel noch mal hochkommen kann, was ich schon lange abgeschlossen zu haben glaubte. Zu dieser damaligen Zeit meines Wehrdienstes begann ich zum ersten Mal, Fragen zu stellen, und ich ließ mich von meiner inneren Stimme leiten. Sie sagte mir, dass ich mich für diese Art von Dienst nicht mehr hergeben will. Ich hatte ganz vergessen, dass ich meine innere Stimme auch in diesem jugendlichen Alter schon hören konnte. Vielleicht hatte ich diesen Traum, weil gestern Abend so viel Klarheit im Raum spürbar war.

30. Mai: Wiedersehen in Mondoñedo

Gestern Morgen ging ich allein weiter. Ganz bewusst habe ich nichts abgesprochen, ob wir Pilger in Mondoñedo wieder zusammen zu Abend essen möchten. Ich sagte nur, dass wir uns wieder begegnen werden, wenn es so sein soll. Und so war es dann auch: Ich saß draußen am Tisch, mit einem Bier, hatte mein Essen gerade bestellt. Und dann kamen sie dazu. Ein Pilgerpaar, mit dem ich am Morgen ein "Fotoshooting" hatte, kam auch hinzu. Wir hatten einen schönen Abend. Der Abend war mild, wir konnten lange draußen sitzen. Wir sprachen nicht über Tiefgründiges, aber es war dennoch herzlich. Wir haben viel gelacht.

Bernd beschrieb seine fünf Jahre in der Hospizarbeit als eine bereichernde und wertvolle Erfahrung. "Die Hospizbewohner erfahren in ihren letzten Tagen nicht nur Traurigkeit, sondern auch Glücksmomente", erzählte er. Dabei wurde klar, dass die Hospizarbeit nicht nur schwer, sondern auch leicht sein kann. Dennoch blieben Zweifel, ob ich sie mir zutrauen kann.

Beate erzählte mir, dass man in viereinhalb Monaten 3500 Kilometer weit von Görlitz an der polnischen Grenze, über die Via Regia durch Deutschland, Frankreich und Spanien bis nach Santiago de Compostela wandern kann. Und dass sich daraus spannende Bücher gestalten lassen. Ich bekam wertvolle Tipps für mein eigenes Buch, zum Beispiel wie ich die Produktions-kosten niedrig halten kann, und wie das mit der ISBN funktioniert. Sie erzählte mir, dass sie vorhabe, von Deutschland bis nach Jerusalem zu pilgern, wenn das irgendwann mal wieder gefahrlos möglich sein sollte. Ich staunte über so viel Wagemut.

Es ging in den Tisch-Gesprächen auch um Geschwin-digkeit. Ein wenig Überheblichkeit war auch zu spü-ren. Die Menschen am Tisch sahen das Pilgern auch unter sportlichen Gesichtspunkten. Ich dachte bei mir, dass das völlig OK ist. Ich war ja selbst auch mal recht sportlich unterwegs, brachte beim Berglauf gern mal den Puls an den oberen Anschlag, einfach weil es mir Spaß machte. Auf der Via Regia war mein Gehtempo vor dreieinhalb Jahren mit der Pilger-Gruppe noch we-sentlich höher als jetzt in Spanien. Doch da war ich noch nicht so entschleunigt und hatte nur einen be-grenzten Zeitrahmen zur Verfügung, weil ich danach wieder arbeiten musste.

Ich war mal ein sehr leistungsorientierter Mann. Doch das ist heute nicht mehr mein Weg. Ich möchte nun langsam und achtsam unterwegs sein. Ich hörte unterwegs, als ich auf einer Bank saß, schon einmal die Frage: "Are you tired?". Und gestern hörte ich den Spruch: "Bist Du jetzt erst angekommen?" Und ich lächelte und sagte: "Ja, jetzt erst." Ich bin als "Bummel-Pilger" ein Exot. Ich gehe langsam. Ich setze mich oft hin, und lausche den vielfältigen Klängen des Waldes, der wohltuenden Stille, oder dem leisen Plätschern des Wassers. Ich sitze und lausche in mich hinein. Wenn keine Bank zum Sitzen verfügbar ist, sitze ich auf dem Waldboden. Ich genieße es, während des Wanderns innezuhalten und meine Gedanken aufzuschreiben. Leider sind die Kirchen und die Kapellen hier in Galicien alle verschlossen, was ich sehr bedaure, weil ich auch gern mal zum Rasten in einer Kirche sitze. Genau so stelle ich mir das Unterwegssein vor, mit genügend Zeit zum Betrachten, Verweilen, Zuhören und Schreiben. So verstehe ich für mich das Pilgern.

Heute regnete es wieder einmal. Ich wollte mir heute Morgen im Café den Regenschutz schwungvoll überwerfen, wie ich das sonst auch mache. Da sah ich gerade noch rechtzeitig den drehenden Deckenventilator. Dieser Moment sorgte bei den frühstückenden Pilgern für Heiterkeit. Der Barkeeper half mir dann freundlicherweise mit dem Regenschutz. Bei Regen bummele ich nicht, da bin ich eher flott unterwegs. Wenn es regnet, ist es immer etwas nass, und ich bin auch etwas nass. Da bin ich wenig motiviert, mich irgendwo hinzusetzen.

Diese herrliche spanische Musik von Rodrigo begleitete mich auch heute. Ich hörte sie nicht auf den Hörgeräten, ich hörte sie in meinem Kopf, in meiner Erinnerung. Und das Tick-Tock der Wanderstöcke gab den Takt dazu. Heute bin ich früh angekommen. Ich ging um 9 Uhr los und war um 14 Uhr in Abadin. Exakt 5 Stunden, für 17 Kilometer, obwohl es auf der gesamten Etappe ständig nur bergauf ging. Macht 3,4 Kilometer pro Stunde. Heute war ich also auch mal sportlich unterwegs. Ausnahmsweise, weil's geregnet hat.

31. Mai: Große und kleine Ängste

Die Landschaft ist gerade nicht so spektakulär. Es geht immer mal wieder an der Autobahn entlang. Da ist viel Nachdenken in meinem Kopf. Auf dem Camino wird der Kopf leer, oder er wird voll, je nachdem, was gerade dran ist. Ich glaube, es geht in meinem Leben darum, neue Erfahrungen zu machen. Die mache ich nur dann, wenn ich mich traue, mich auf Neues einzulassen, und mich dann auf den Weg mache. In das Unbekannte, in dem ich noch keine Erfahrungen und keine Sicherheit habe. Wo es vielleicht auch etwas Angst macht, sich darauf einzulassen, weil ich nicht weiß, ob ich es kann: Genau das ist es. "Wo die Angst ist, da geht es lang." Dieser Satz ist von Günter Ammon, dem Begründer der dynamischen Psychotherapie. Er wurde zu meinem Leitspruch, weil das mein Weg ist. Auf diesem Weg gehe ich nun schon einige Jahre. Er führt mich in ein erfülltes Leben.

Warum ist das so? Indem ich meiner Angst entgegentrete und nicht davonlaufe, lerne ich mich tiefgründiger kennen. Das war in der Traumatherapie so, das ist auch beim privaten Motorflug so. Fliegen heißt nicht immer nur, sich frei wie ein Vogel zu fühlen. Es gibt manchmal Momente, die einen mental herausfordern und an die eigenen Grenzen bringen. Es ist Teil der fliegerischen Ausbildung, zu lernen, damit umzugehen. Auch da begegne ich meiner Angst. Auch da lerne ich mich selbst tiefer kennen. Damals, als ich allein auf Stewart Island wanderte, konnte ich Angst noch nicht so wahrnehmen. Einige Jahrzehnte lang brauchte es immer mal wieder eine Extremsport-Erfahrung mit viel Adrenalin in meinen Adern, um mich selbst spüren zu können, an der Grenze zur Lebensgefahr. Vielleicht musste ich seinerzeit einfach nur das wiederholen, was mir aus meiner Kindheit vertraut war, um mich selbst zu spüren.

Ich habe beim Gehen viel über diese Muster nachgedacht: Auch sie kann ich mittlerweile positiv sehen. Wenn Menschen das Extreme brauchen, um sich selbst spüren zu können, dann kann auch das Extreme ein guter Weg sein. Viele Menschen gehen wohl diesen Weg. Ein bekannter Extrem-Bergsteiger ist für mich ein gutes Beispiel dafür. Besonders den Männern fällt es oft schwer, mit sich selbst in Kontakt zu kommen, weil ihnen diese Fähigkeit ab-erzogen wurde, manchen mit drastischen Mitteln. Es ist für uns Männer ganz wichtig, uns selbst in unserer Tiefe gut zu kennen, und mit uns selbst in Kontakt zu sein. Nur so ist es uns möglich, uns nach Außen zu öffnen und authentische Kontakte zu anderen Menschen herzustellen. Auch auf dem Camino bemerke ich oft, dass Frauen wesentlich offener und kontaktfreudiger sind als Männer. Männer und Frauen zeigen hier verschiedene Verhaltensweisen. Männer kommen, so glaube ich, über das "Außen" miteinander in Kontakt. Sie sprechen gern darüber, wie sie Gefahren gemeistert haben. Sie sprechen nicht so gern darüber, was sie in der Gefahr gefühlt haben. Frauen sprechen gern über ihre Gefühle. Ich glaube, es tut Männern und Frauen gleichermaßen gut, sich sowohl das "Außen", als auch das "Innen" zu erschließen. Männer und Frauen können, glaube ich, viel voneinander lernen, wenn sie diese Unterschiedlichkeit annehmen können, und wenn sie bereit sind, sich auf Neues einzulassen, wagemutig zu sein, sich das zu erschließen, was sie sich bisher noch nicht getraut haben. Im Innen und im Außen. Es ist jedenfalls mein Weg, mich in dieser Hinsicht zu vervollständigen.

Mir reichen heute die "kleinen" Ängste, um mich selbst in der Tiefe kennenzulernen. Die Erkundung meines Selbst endet nie. Beim Pilgern begegne ich diesen kleinen Ängsten: Allein in schwierigem Gelände, mit der Gefahr, sich bei einem Fehltritt zu verletzen. Oder müde und durchnässt anzukommen und sich damit konfrontiert zu sehen, keinen Platz zum Schlafen zu haben. Ich muss nicht ohne Sauerstoff auf den Mount Everest gehen. Das Gipfelerlebnis "Santiago de Compostela" wird mir genügen, weil ich mich in meinen Bedürfnissen und auch in meinen Ängsten mittlerweile gut wahrnehmen kann.

Liest es sich wie ein Widerspruch zu dem, was ich über das Fliegen geschrieben habe? Es ist kein Widerspruch. Eines Tages, als ich mit der Cessna nach Koblenz fliegen wollte, sagte mir der Mann auf dem Turm: "Wenn ich Dir die Wind-Werte durchgebe, scheißt Du Dir in die Hosen vor Angst!" Ich antwortete: "Sach an!" Alles total unüblich im Funk, wo feste Sprechgruppen einzuhalten sind, aber so sind wir manchmal miteinander, wenn es die Verkehrslage am Flugplatz zulässt. Und hier war ich der Einzige, der starten wollte. Angesichts der durchgegebenen Wind-Werte hatte ich keine Angst, aber ich hatte gehörigen Respekt vor den Böen, die am Flugzeug rüttelten. Als sie dann auf der Terrasse des Flugplatzlokals anfingen, die Sonnenschirme einzufahren, zog ich aus dem gecheckten und startklaren Flugzeug den Schlüssel ab und stieg wieder aus. Wir schoben den Flieger in die Halle zurück.

Beim Fliegen entscheide ich mich im Zweifel immer für die sichere Variante. In den 12 Jahren Fliegerei hatte ich einige wenige Gefahrensituationen. Sie waren immer mit Angst verbunden. Ich erfuhr in diesen Momenten, dass die Angst mein Freund ist. Sie lähmt mich nicht, sie macht mich hellwach. Ich kann mich in der Gefahr auf meinen inneren Beschützer verlassen. Eine gute Erfahrung.

Noch 130 Kilometer bis Santiago de Compostela.

Heute kam die Frage auf, ob ich etwas vermissen würde. Nein, ich vermisse hier nichts. Ich habe hier alles, was ich brauche. Als ich ins Landesinnere abbog, nahm ich Abschied vom Meer. Ich vermisste das Meer nicht. Ich erfreute mich an der lieblichen Berglandschaft, und am würzigen Duft der Eukalyptuswälder. Sollten mich meine Füße bis Santiago de Compostela tragen, dann werde ich den Camino nicht vermissen. Ich werde mich mit den Pilgern freuen, und für mich ein wenig feiern, dass ich da ankommen durfte. Und dann werde ich mit Freude zu meinen geliebten Menschen und Tieren nach Hause zurückkehren. Ich werde dort Santiago de Compostela nicht vermissen. Ich werde mit meinen Lieben ein wenig feiern, dass ich nach Hause kommen durfte. Es ist schön, ein Zuhause zu haben, und mit Menschen und Tieren zu feiern, die man liebt. Es ist schön, bedingungslos zu lieben, und es ist schön, bedingungslos geliebt zu sein. Auch von Hunden lässt sich in dieser Hinsicht einiges lernen. Ich vermisse nichts, weil in jedem Moment alles da ist, was ich brauche. Und dafür darf ich dankbar sein.

Santiago de Compostela wird das Ende meiner Reise sein. Ich werde nicht mehr nach Kap Fisterra gehen, und auch nicht dort hinfahren. "Fisterra" bzw. "Finisterre" bedeutet "Ende der Welt", und das ist totaler Quatsch. Es ist noch nicht einmal der westlichste Punkt Europas. Es ist nur ein Hype. In Lissabon war ich mit meiner Frau dem westlichsten Punkt viel näher. Ich habe nicht vor, mich auf diesen Hype einzulassen. Ich habe so viele schöne Strände erlebt, auf dem Camino del Norte. Vom Meer habe ich mich nun verabschiedet. Warum sollte ich da noch mal hinfahren?

Santiago de Compostela ist auch ein Hype. Es geht nicht um das Ziel. Ernesto hat schon verstanden, dass dort nicht mehr als eine schöne Kathedrale zu finden ist. Ja, sicher, da findet der Pilger auch noch das Grab eines Heiligen, der auch nur ein Mensch war, wie Du und ich. Er war ein Mensch, der zu einem Heiligen gemacht wurde, weil Menschen Heilige verehren wollen. In dieser Hinsicht bin ich auch mal einer Illusion erlegen. Es gibt keine Heiligen. Es ist auch nur ein Hype. Das Wesentliche beim Pilgern liegt darin, dass der Weg selbst das Ziel ist. Diese uralte Weisheit habe ich hier erfahren. Mein Ziel ist Santiago de Compostela, um meiner Reise einen würdigen Abschluss zu verleihen, und mit den Pilgern vor der Kathedrale zu zelebrieren. Es ist zu feiern, dass wir Menschen uns auf dem Weg begegnet sind, und auch ich mir selbst begegnet bin.

1. Juni: Christophorus und die stählerne Brücke

Heute Morgen freute ich mich sehr, dass mal ausnahmsweise eine Kirche für Pilger geöffnet hatte. Ich begegnete in ihr Christophorus. Mich hat diese Skulptur mit dem Kind auf der Schulter sehr angesprochen. Das Kind sieht wohlgenährt aus, es scheint ihm gutzugehen. Ich dachte sofort daran, welche Freude es mir gemacht hat, vor Vilalba über diese lange stählerne Brücke zu gehen. Meine Wanderstöcke machten auf den stählernen Bodenplatten ordentlich Lärm. Es hörte sich an wie "Doing-Dong-Doing-Dong". Mein inneres Kind hatte einen Riesen-Spaß. Die Figur des Christophorus mit dem Kind auf der Schulter hat für mich eine tiefgehende Symbolkraft.

Christophorus hat, der Legende nach, das Jesuskind über das Wasser getragen. Die Figur in der Kirche zeigt ein erschrockenes Jesuskind. Natürlich konnte Jesus als Kind noch nicht übers Wasser wandeln. Auch hier sehe ich ein kraftvolles Symbol. Die katholische Kirche hatte in früheren Zeiten versucht, den Christophorus zu verbieten, weil es keine historische Entsprechung für ihn gibt. Ich verstehe sehr gut, dass die Menschen Ikonen verehren. Es sind kraftvolle Symbole, die auf Menschen sicherlich eine positive Wirkung haben. Bei mir ist es auch so. Das Bild der Maria berührt mein Herz.

Es braucht aus meiner Sicht keine historische Entsprechung. Ikonen haben eine starke symbolische Kraft. Menschen sind Menschen, mit all ihren Licht- und Schattenseiten. Sie sind keine Heiligen. Sicherlich gab es in der Geschichte der Menschheit immer mal wieder Leuchttürme, die den Menschen Vorbild gewesen sind. Ich bin überzeugt, dass auch die ihre Schattenseiten hatten.

Die Erklärung, warum sich die Pilgerwege nach Westen richten, fasziniert mich. Heute lacht die Sonne vom wolkenlosen Himmel. Am Morgen schaue ich beim Gehen auf meinen Schatten. Am Abend lasse ich meinen Schatten hinter mir, um ihm dann am nächsten Morgen wieder zu begegnen.

3. Juni: Alpine Farben und Glück

Gestern war ein herrlicher Tag. Ich war beim Gehen so im Flow, dass mir die 25 Kilometer gar nicht auffielen. Der Weg führte mich durch eine wunderschöne Landschaft. Er erreichte eine Höhe von lediglich 700 Metern, aber die felsige Landschaft hatte hier schon alpinen Charakter. Farben, die ich in genau dieser Kombination besonders mag, vereinten sich: Gelb blühender Ginster, dunkelrosa blühende Spanische Heide, grüne Bäume und Sträucher, graue Felsen, der tiefblaue Himmel und die weißen Cumulus-Wolken. Alles war in strahlendes Sonnenlicht getaucht. Dieser Tag war wie ein Geschenk des Himmels, da alles so stimmig war: die Landschaft, die Jahreszeit und das Wetter. Ich weilte genau zur passenden Zeit an diesem Ort, um diese Farben der Natur genießen zu dürfen. Da war sie wieder, die tiefe Dankbarkeit für mein Leben.

Diese Zeit, meinen Lebensabend, nach der Berufstätigkeit und vor meinem irdischen Tod: Ich genieße sie in vollen Zügen. Menschen der westlichen Welt denken nicht gern an ihren Tod. Bei mir ist es anders, ich denke oft an ihn. Ich verweile unterwegs auch mal gern auf einem Friedhof. Dieser Ort erinnert mich daran, wie kostbar mein Leben ist. Ich fürchte den Tod nicht. Ich werde mit ihm einverstanden sein, weil ich zuvor so
114

intensiv gelebt habe, wie Thoreau es in seinem Buch "Walden" be-schreibt. In mir entsteht das Bild, dass es mit dem Sterben so ist, wie abends nach so einem wundervollen Tag müde in der Herberge anzukommen und sich schlafen zu legen. Der Weg geht weiter.

Ich habe in meinem Leben gelernt, dass es Geschenke nicht umsonst gibt. "Jeder ist seines Glückes Schmied!" Wie wahr dieser Satz doch ist. Niemand vermag es, uns glücklich zu "machen". Das können nur wir selbst. Wir können jedoch unser Glück liebevoll mit anderen Menschen teilen. Das Glück entsteht aus uns selbst heraus, wenn wir bereit sind, uns auf den Weg zu machen. Wenn wir uns auf den Weg machen, kommen wir manchmal an unsere Grenzen, begegnen uns dabei selbst, manchmal auch unserer Angst. Wir gelangen in unsere Tiefe. Das bringt uns weiter.

Mein Kindheitstraum vom Fliegen hat sich erfüllt. Dazu musste ich mich auf den Weg machen, eine Ausbildung durchlaufen, die mich mental an mein Grenzen brachte. Heute kann ich fliegen. Ich machte mich auf den Weg, meine Kindheits-Traumata aufzuarbeiten und zu integrieren, musste eine Therapie durchlaufen, die mich psychisch an meine Grenzen brachte. Das war heilsam. Heute kann ich wirklich leben. Zum Pilgern musste ich mich auf den Weg machen. Es brachte mich manchmal körperlich an meine Grenzen. Und gestern bekam ich in dieser herrlichen Landschaft dieses himmlische Geschenk. Eine höhere Macht gab alles dazu, dass es für mich zum Geschenk wurde. Ich hätte dieses Geschenk nicht empfangen, wenn ich mich nicht zuvor auf den Pilgerweg Camino del Norte gemacht hätte.

Vor einer Woche hörte ich in einer Pilgerherberge den Satz "Ich möchte meinen Lebensabend nicht vor dem Fernseher verbringen." Er kam von Elke, einer fünfundsechzigjährigen Frau, die hier zur Seele des Camino wurde. Seit einer Woche begegne ich ihr täglich, immer wieder. Diese Frau versprüht Lebendigkeit und Klarheit, weiß, was sie will, und was sie nicht will. Die anderen Pilger begegnen ihr wohl auch unterwegs immer wieder. Alle mögen sie. Elke wandert allein, doch abends füllt sie die Herbergen und die Tische mit Leben. Ich hatte mit ihr tiefgehende, offene und ehrliche Gespräche. Zuweilen wird sie mir zu anstrengend, bringt mich an meine Grenzen, und ich muss Abstand gewinnen. Wie gut, dass ich es nun so gut wahrnehmen kann, was ich gerade brauche, oder nicht brauche. Ich brauche auch immer wieder mal meine Ruhe. In diesen Phasen bin ich nicht nur tagsüber gern allein mit mir, sondern auch abends im Hotel. Diese Balance ist wichtig, damit es mir gut geht.

Die Zahl der Pilger ist heute sprunghaft angestiegen. Erstmalig sind welche mit Tagesrucksack unterwegs. Sie sind wohl eben aus diesem Bus ausgestiegen. Sie sind lautstark unterwegs, und ich möchte leise unterwegs sein. Eine Pause zum Schreiben ist da eine gute Gelegenheit, sie an mir vorbeiziehen zu lassen. Heute ist eine kurze Etappe zu gehen, nur 15 Kilometer. Ich werde in einem Kloster übernachten.

4. Juni: Kloster ohne Frühstück

Ich realisiere gerade, dass ich übermorgen angekommen sein werde, wenn alles gut "geht". Weniger als 50 Kilometer sind es noch. Ich sehe es mit einem lachenden und einem weinenden Auge. Natürlich freue ich mich aufs Ankommen, nach sieben Wochen des täglichen Gehens. Ich genehmigte mir bisher lediglich zwei Rasttage. Da ich das tägliche Gehen so sehr liebe, entschied ich mich gegen weitere Pausentage. Mein Körper möchte gehen, er kennt es nicht mehr anders. Das weinende Auge sagt: Ich könnte ewig so weiter gehen. Das lachende Auge freut sich aber auch schon auf zu Hause. Es ist nun eine wilde Gefühls-Mischung in mir spürbar.

Es ist nichts Besonderes, 800 Kilometer zu gehen. Ich glaube, dass jeder halbwegs gesunde Mensch das kann. Der Körper passt sich an. Er ist für das tägliche Gehen konstruiert, und dafür, beim Gehen Lasten zu tragen. Er liebt das. So empfinde ich es durch meinen eigenen Körper jedenfalls. Der Körper sieht die 800 Kilometer nicht. Er sieht nur die Tages-Etappe. Sie ermüdet ihn. Er regeneriert sich über Nacht, und am nächsten Morgen ist er wieder fit. Dies bedeutet, dass der Körper keine Grenzen kennt. Er kann endlos gehen. Tolle Erfahrung!

Ich übernachtete in Sobrado, im dortigen Kloster Mosteiro de Santa María de Sobrado dos Monxes. Dort bieten die Mönche den Pilgern eine Herberge. Heute Morgen musste ich zum ersten Mal ohne Frühstück und ohne Kaffee losgehen. Bei den Mönchen im Kloster gab es nichts, und die Lokale des Ortes waren geschlossen. Es ging eine Weile bergauf, und es lief nicht gut. Nach acht Kilometern konnte ich endlich frühstücken. Ich benötigte zwei Tassen Kaffee und zusätzlich noch ein Glas von diesem koffeinhaltigen braunen Zuckerwasser. Mein Körper verlangte danach. So gestärkt, lief es nun wieder rund. Bin ich schon so vom morgendlichen Koffein abhängig?

Ich hatte in den letzten Wochen viel Gelegenheit, meinen Körper zu beobachten. Er mag die Abwechslung. Asphalt mag er gar nicht. Der harte Untergrund verursacht beim Gehen Stöße auf die Wirbelsäule, und abends schmerzt es dann im Bereich der Lendenwirbel. Wanderschuhe sind nun mal keine Laufschuhe. Der ebene Asphaltboden lässt die Füße immer gleich aufsetzen. Das mag der Körper auch nicht. Er mag den unebenen Boden, wo die Fußgelenke was zu tun haben. Selbst ein steiniger und unebener Boden ist immer noch besser als Asphalt. Am liebsten mag mein Körper den weichen Waldboden.

Das Einseitige ist ungesund für meinen Körper. Das war mir ja schon klar, als ich noch tagtäglich am Schreibtisch saß. Der Camino lehrte mich, dass einseitige Bewegung meinem Körper ebenfalls nicht guttut. Er mag die Abwechslung, wo alle Muskeln zu tun haben. Ich benutze nun fast immer meine Wanderstöcke. Sie geben definitiv zusätzlichen Schub, was die Beine entlastet, auch in der Ebene. Zusätzlich geben sie den Muskeln des Oberkörpers was zu tun. Es trainiert sie. Das bekommt mir gut.

Ich bin nun gar nicht mehr sicher, ob das Fitnessstudio so eine gute Idee ist. Die Bewegungen an den Geräten sind immer gleich. Das ist auch einseitig für den Körper. Es werden manche Muskeln trainiert, und andere nicht. Ich fühle mich nach diesen sieben Pilgerwochen fitter als nach einigen Monaten Fitnessstudio. Es ist eine Ganzkörperfitness. Es fühlt sich unglaublich gut an. Mein Atem ist nun gefühlt tiefer als zuvor.

So viel tägliches Gehen ist im Alltag kaum machbar, auch im Ruhestand nicht. Aber ich möchte wieder regelmäßig joggen, auf einem weichen und unebenen

Waldboden. In Maßen, anders als in den Jahren, in denen ich es übertrieben habe. Es soll so sein, dass es Freude macht, und ich mir diesen Fitness-Level erhalten kann.

6. Juni: Camino Francés: Ärger steigt auf

Heute werde ich, wenn alles gut "geht", in Santiago de Compostela einlaufen. Ich dachte mir, wenn ich um 8 Uhr loskomme, ist es früh genug. Es sind ja nur noch 19 Kilometer. Das dachten wohl alle Anderen auch: Das Café war angefüllt mit Pilgern, die alle zugleich frühstücken wollten. Das Personal war überfordert und genervt. Es lag eine gereizte Stimmung im Raum. Sie übertrug sich auf mich, in mir stieg Ärger auf. Es drängte mich nicht, sofort aufzubrechen, doch der Wunsch, rasch aus diesem Raum zu verschwinden, war stark.

Um vom Café zum Camino zu gelangen, nahm ich einen kleinen Umweg, während die anderen Pilger die Straße als Abkürzung bevorzugten. Nun war ich wieder allein, und ich kam schnell "wieder zu mir". Vor einem blau blühenden Hortensienstrauch machte ich ein Foto von meinem Kopf, der ja Teil meines Körpers ist. Ich liebe meinen Körper. Ich bin ihm dankbar, dass er mich mehr als 800 Kilometer durch Spanien getragen hat. Ich differenziere bewusst: Mein Körper kann auf Bildern festgehalten werden. Der Teil von mir, der weiter existiert, wenn der Körper vergeht, dieser Teil ist unsichtbar für die Kamera.

Zurück auf dem Camino war es total voll. Ich gehe ja jetzt die letzten 40 Kilometer auf dem Camino Francés. Wenn ich von einem Pulk überholt wurde, war es oft so knapp, dass ich aufpassen musste, nicht über Wanderstöcke zu stolpern. Das lag nach meiner Erkenntnis einfach daran, dass die überholenden Menschen so in ihre Unterhaltungen vertieft waren, dass sie ihre Position im Pulk nicht verlassen wollten. Die am Rand des Schwarms Gehenden drängten sich distanzlos irgendwie an mir vorbei. In mir stieg erneut Ärger auf.

Ich fand eine Lösung: Immer dann, wenn ich von einem Pulk überholt wurde, führte ich meine Wanderstöcke etwas weiter vom Körper weg. Das half. Ich hatte deutlich mehr Platz. Ich wunderte mich über mich selbst, dass ich nicht gelassener damit umgehen konnte. Mir wurde klar, dass es damit zusammen hängt, dass ich in den vergangenen sieben Wochen meistens mit mir allein war, und nur wenigen Menschen begegnete. Ich bin einfach nicht mehr an diese Menschenmassen gewöhnt.

Heute ist es bewölkt. Da gehen auch die Japaner unvermummt. Gestern war es sonnig, und sehr warm. Da waren einige von ihnen mit einem Higasa unterwegs. Das ist ein Sonnenschirm, der wie ein Regenschirm aussieht. Und andere wiederum waren ganz vermummt unterwegs, total eingepackt, lange Hosen, lange Ärmel, Handschuhe, Kopf und Hals vollständig eingestrumpft. Sie mögen die Sonne nicht auf ihrer Haut, weil eine helle Haut in Japan ein Schönheitsideal ist. Die vermummten Pilger kamen mir gestern etwas seltsam vor, so vollständig eingepackt, in der Hitze des Tages. Und dann wurde mir bewusst, dass es in Japan den Japanern vermutlich genauso seltsam vorkommen dürfte, wenn sich dort die Europäer zum Sonnenbaden an den Strand legen.

Mir fiel wieder ein, dass sich die Verkehrslage auf dem Weg gestern am späten Vormittag zunehmend entspannte. Das liegt daran, dass die Pilger unterschiedlich schnell unterwegs sind. Das Pilgerfeld zieht sich im Tagesverlauf immer weiter auseinander. Gestern Nachmittag war ich immer mal wieder zeitweilig für mich allein. Ich beschloss, noch etwas zu sitzen und zu schreiben. Das war eine gute Idee. Es half, den Menschenmassen und dem damit verbundenen Stress zu entkommen.

Später am Tag sind dann jedoch die Fahrrad-Pilger unterwegs, weil diese dann (bei weniger Fußgänger-Dichte auf dem Weg) zügiger vorankommen. Die Radfahrer wirbeln, wenn es bergab geht, beim schnellen Vorbeifahren viel Staub auf. Zum Glück sind nicht so viele mit dem Fahrrad unterwegs.

Es sind nun weniger als 10 Kilometer bis zum Ende der Reise. Es sind nun keine Kilometerangaben mehr in den Wegweisern (vermutlich Vandalismus). Ich sitze mal wieder, habe es überhaupt nicht eilig anzukommen. Jetzt bin ich wieder nahezu allein unterwegs, die Menschenmassen sind verschwunden. Die Sonne bricht immer öfter durch die Wolken und brennt erbarmungslos. Bei den Japanern brach eben die Verhüllungspanik aus. Ich kann ihre Beweggründe nachempfinden. Es ist eine andere Kultur als die unsrige. Auch in unserer Kultur streben die Menschen nach körperlicher Schönheit, manchmal auf Kosten ihrer Gesundheit, durch Hungern oder zu intensives Training.

Ich kann auch nachvollziehen, dass muslimische Frauen ihren Körper verhüllen. Burka oder Kopftuch kann für einige von ihnen eine auferlegte Pflicht sein, während es für viele ein Schutz sein mag. Es ist auch eine andere Kultur. Die Moslems pilgern nicht nach Santiago, sie pilgern nach Mekka. Pilgern kann Menschen zusammen bringen. In Menschenmassen kann es sie auch auseinander bringen, bis hin zur Panik. Ich habe es heute Morgen selbst erfahren dürfen, dass Ärger in mir aufstieg, als Menschen mir zu nahe kamen. Wir brauchen unseren Raum, und wenn es eng wird, kann es bis in die Panik führen, was ja in Mekka schon einige Male vorgekommen ist. Zuletzt kam es dort 2015 zu einer Massenpanik, als verschiedene Pilgerzüge aufeinander trafen und begannen, gegeneinander zu schieben, was durch extreme Hitze und Erschöpfung auf Seiten der Beteiligten noch verstärkt wurde. Nun begreife ich, wie so etwas geschehen kann.

Santiago de Compostela

"Alles ist gut.
Der Mensch ist unglücklich, weil er nicht weiß,
dass er glücklich ist.
Nur deshalb. Das ist alles, alles!
Wer das erkennt, der wird gleich glücklich sein,
sofort im selben Augenblick."

(Fjodor Michailowitsch Dostojewski)

6. Juni: Einlauf in Santiago

Auf der letzten Etappe waren ganz viele Gedanken in meinem Kopf. Ich saß und schrieb. Als dann auf dem letzten Hügel in der Ferne Santiago de Compostela sichtbar wurde, hörten die Gedanken auf. Eine Wehmut überkam mich: "Ich werde angekommen sein. Dann ist die Reise zu Ende. Und was kommt dann?" Der Weg vom Hügel, hinunter nach Santiago, er wurde zum Fest. Keine Gedanken mehr, nur noch Gefühle. Foto-Halt an der Santiago-de-Compostela-Tafel, jenem Ortsschild mit den großen Buchstaben, die regelmäßig gereinigt und immer wieder neu mit Papier beklebt werden.

Dann gab es kein Halten mehr. Keine Bar, kein Eis-Verkäufer, konnte mich noch aufhalten. Santiago ist eine große Stadt, vier Kilometer ging es durch diese Stadt, mit ihrem Autoverkehr. Pilger finden hier wenig Beachtung. Sie gehören zum Stadtbild, wie der Autoverkehr.

Die Altstadt mit ihren Gassen war schon etwas reizvoller. Und dann stand ich plötzlich – fast überraschend – auf dem Platz vor der Kathedrale, dem Ziel meiner mehr als 800 Kilometer langen Pilgerreise zu Fuß. Es gibt nur zwei Worte, die meine Gefühle in diesem Moment beschreiben: "Freude" und "Dankbarkeit". Es war so wohltuend, mich mit dem Rücken auf die von der Sonne erwärmten Steine dieses Platzes zu legen. Schon jahrhundertelang haben Pilger dort gelegen. Und dann liefen mir die Tränen über das Gesicht. Sie kamen einfach so. Es waren wohl Tränen der Freude. Ich war so dankbar, erinnerte mich an all das, was ich auf dem Weg erfahren durfte. Auf diesem Platz spielten sich bewegende Szenen ab. Diese Freude der Menschen, und meine Freude: Bis an mein Lebensende werde ich mich erinnern.

Eine Frau, der ich auf der letzten Etappe einige Male begegnete, fragte mich, wie es denn nun weiter geht, was denn nun passiert. Ich antwortete ihr: "Nothing, just happy!" Sie wollte noch wissen, wo sie ihren Stempel bekommen könnte. Ich antwortete, "I don't know." Mir war in diesem Moment nicht nach Reden. Als ich mich dann wieder von den warmen Steinen erhob, dachte ich, so ein Stempel aus der Kathedrale wäre bestimmt nicht schlecht. Am Museums-Eingang der Kathedrale verwies man mich an das nahe Pilgerbüro. Der dortige Security-Mann verstand nicht, was ich wollte. Als er erfuhr, dass ich bereits als Pilger registriert bin, zog er mir eine kurzentschlossen eine Wartenummer. Fünf Minuten später kam ich schon dran.

Nach Sichtprüfung meiner beiden mit zahlreichen Stempeln gefüllten Pilger-Ausweise bekam ich meine Compostela ausgehändigt, ausgestellt auf meinen lateinischen Namen. Die gab es gratis. Und eine Urkunde über die Länge des Weges gab es optional für 3 € dazu. Amtlich bescheinigt, bin ich den Camino del Norte vollständig gelaufen. Von der französisch-spanischen Grenze waren es amtlich bescheinigte 828 Kilometer (nicht 840 Kilometer, wie anfangs in Irún auf dem Wegweiser an der Pilgerherberge zu lesen war). Ich ging sie in exakt sieben Wochen, plus zwei Pausentage. Das Urkunden-Prozedere dauerte gerade mal 10 Minuten. Die Sachbearbeiterin war die Liebenswürdigkeit in Person.

Ich ließ mich danach in einer Bar nieder, wo ich dann "zufällig" vier Pilger traf, denen ich auf dem Camino zuvor begegnet war. Zwei von ihnen kannte ich flüchtig, und zwei von ihnen schon etwas näher (ein Vater mit seiner Tochter). "Etwas näher" meint, dass wir bereits offene und ehrliche Gespräche geführt hatten. Wir feierten "Angekommen Sein" miteinander, und tauschten erstmalig Kontaktdaten aus. Das Bier zischte, ich spendierte.

Abends gönnte ich mir zur Feier des Tages zum Abendessen "Pulpo". Der Chef des Lokals sah mir wohl meine Freude an der Nasenspitze an. Er übernahm - an seinem Angestellten vorbei - meine Bewirtung. Ich bekam einen Ehrenplatz zugewiesen. Er schnitt mir das Brot. Der Tintenfisch schmeckte köstlich. Ich beobachtete anschließend, wie er an einem Tisch mit seinem Sohn für die Schule lernte. Es schien um Mathematik zu gehen. Sein Sohn hatte offensichtlich ADHS. Mir kam der Gedanke, dass auch der Chef des Lokals an ADHS leiden könnte. Er wippte rhythmisch auf seinem Stuhl auf und ab.

Es war ein bewegender Tag für mich, voller eindrücklicher Erfahrungen. Es kamen im Laufe des Abends viele Glückwünsche hereingeschneit, von Menschen, die meine Reise via WhatsApp-Status verfolgt haben. Es erfüllte mich mit Freude, zu lesen, dass ich berührt und zum Nachdenken angeregt habe. Mein Erleben war aus meiner Sicht eine sehr persönliche und individuelle Erfahrung. Jeder Pilger erfährt den Camino wohl ein wenig anders.

7. Juni: In der Kathedrale

Der Pilgergottesdienst in spanischer Sprache wirkte etwas einschläfernd auf mich. Ich verstand die Worte nicht. Es war atmosphärisch schön. Ein würdiger Abschluss meiner Reise, irgendwie. Etwas monoton. Ich war kurz vor dem Einnicken. Der Körper möchte sich wohl von der Wanderung erholen. Danach habe ich mich in die Schlange gestellt, um in die Krypta hinunterzugehen, zum Grab des Jakobus. Es war ein bewegender Moment. Ich habe es Jakobus zu verdanken, dass ich diesen Weg gehen konnte. Dann ging es im Gänsemarsch hinter die Jakobus-Figur. Ich hätte nie gedacht, dass ich sie umarmen würde. Diese Tradition, die Figur von hinten zu umarmen, zum Dank, sie erschien mir kitschig. Und doch: Ich habe sie umarmt. Ich folgte einem Impuls. Da war sie wieder, diese Dankbarkeit.

Ich verweilte lange in der Kathedrale. Trotz der vielen Besucher fühlte ich mich dort wohl. Leider wurde der Botafumeiro, dieses schwere Weihrauchfass, nicht in Schwingung versetzt. Als Physik-Nerd hätte ich gern dieses Beispiel der "parametrischen Verstärkung" bewundert. Dieses Prinzip des Aufschwingens begeistert mich schon lange. Jedes Kleinkind versteht es beim Schaukeln intuitiv, ohne die Physik dahinter zu kennen.

132

Auch in der Elektrotechnik werden parametrische Oszillatoren und parametrischen Verstärker eingesetzt, die nach dem Prinzip der Kinderschaukel arbeiten.

Ich habe dann noch – zu meiner Freude – in der Kathedrale einen Raum der Stille gefunden. Dort durfte nicht fotografiert werden. Dort wurde gebetet, voller Hingabe. Dort hatte ich Gelegenheit, zu danken. Ich habe gedankt, für diese Reise, für den Schutz auf dem Weg, für das Ankommen, und für alles, was mir seit dem Jahr 2015 in meinem Leben geschenkt wurde.

8. Juni: Wehmut

Wie geht es mir nun damit, angekommen zu sein? In den sieben Wochen war „viel Kraut" gewachsen. Ich habe mich zuerst einmal rasieren lassen, im Gesicht und auf dem Kopf. Es war mir ein Bedürfnis. Meine neue Frisur gefällt mir. Kahlschlag rundum, und oben ist es nicht ganz so kurz. Mal was ganz Neues.

Mein Körper verlangt nach wie vor nach Kalorien. Es wird eine große Veränderung für ihn sein, ab heute nicht mehr so viel zu wandern. Er hat seinen Stoffwechsel auf dieses hohe Aktivitätsniveau eingestellt. Er kann nicht wissen, dass das jetzt zu Ende ist. Die Kalorien sind jetzt nicht mehr angebracht, aber das weiß nur der Verstand. Ich werde meinem Körper etwas Zeit zur Umstellung geben.

Barbara, die vor mir angekommen war, berichtete von einer leichten Depression, die sie nach ihrer Ankunft hatte. Die verspürte ich gestern noch nicht. Gestern, einen Tag nach meiner Ankunft, verbrachte ich einen herrlichen Tag in Santiago de Compostela, erfüllt von Freude, Dankbarkeit und auch ein wenig Müdigkeit. Aber heute fühle ich das auch, von dem sie schrieb. Ich würde es nicht Depression nennen. Depressive können keine Freude empfinden. Das Wort "Wehmut" passt besser. Mein Körper sehnt sich danach, immer weiter zu gehen, und meine Seele auch. Beim Gehen waren mein Körper und meine Seele in Einklang. Mein Körper durfte sich bewegen. Meine Seele durfte genießen, was meine Sinne wahrnahmen. Mein Geist durfte beim Gehen denken, und er durfte die Gedanken aufschreiben, während der Körper etwas rasten durfte. Alles war miteinander im Einklang. Und nun ist alles ein wenig in Aufruhr, angesichts der Veränderung. Gleichzeitig ist da noch immer dieser Frieden in mir. Er scheint vom Aufruhr nicht so sehr berührt zu sein. Schwer zu verstehen, so widersprüchlich hört es sich an. Und da ist auch die Freude, angekommen zu sein. Und die Vor-Freude auf mein Zuhause. Und die Dankbarkeit für alles, was ich er-lebt habe. Alles findet gleichzeitig in mir statt.

Es ist ein Gefühlschaos, irgendwie. Ich nehme mir einen Tag Zeit, es zu fühlen. Ich habe ja Zeit genug, weil ich später nach Hause fliege. Zeit genug, um morgen, anders als ursprünglich geplant, nun doch noch mit dem Bus nach Fisterra zu fahren. Dort möchte ich noch etwas das Meer genießen. Von Fisterra zum Kap und wieder zurück sind es ja auch noch ein paar Kilometer Fußweg, was meinem Körper eine Freude sein wird.

Ziellos bummelte ich heute noch einmal durch die Altstadt von Santiago de Compostela. Da ich etwas außerhalb wohne, kamen heute wieder einige Geh-Kilometer zusammen. Schließlich fand ich mich wieder in der Kathedrale ein. Ich ging in diesen Raum der Stille, wo gebetet wurde. Es war ein guter Ort für meinen Gefühlszustand. Ich betete nicht, ich fühlte in mich hinein. Für mich ergibt das keinen großen Unterschied, es ist auch ein Gebet.

Ich hielt die Hände gefaltet. Diese Geste ergibt sich bei mir oft von allein, jedes Mal, wenn mich etwas innerlich berührt. So saß ich da. Da war ganz entfernt und gedämpft das Gemurmel der Besucher vernehmbar. Da war ein Rauschen, wie das Rauschen des Meeres. Ich konnte meinen Herzschlag spüren. Von dem ganzen Durcheinander an Gefühlen blieb in diesem Moment nur noch Dankbarkeit und ein tiefer Frieden. Mein Kopf senkte sich. Mit gesenktem Kopf und gefalteten Händen kam ich mir sehr nahe. Es ist schwer, es in Worte zu kleiden. "Ich erlebte eine tiefe innere Präsenz", käme der Erfahrung noch am nächsten. Der Zustand war vollkommen klar, und ich konnte ihn bewusst und beobachtend wahrnehmen. Ich war so entspannt, dass meine Augen tränten. Es war kein Weinen, es kam aus der Entspannung heraus. Es mögen nur wenige Minuten gewesen sein, ich hatte kein Zeitgefühl. Ich saß danach noch einige Zeit da, spürte noch etwas nach. Das Gemurmel der Besucher war noch da. Das Rauschen war nicht mehr wahrzunehmen. Alle Gefühle waren durchgelaufen, es war nur noch Frieden übrig. Es war nicht das erste Mal, dass ich so etwas erlebe.

Rückblickend betrachtet, befand ich mich wohl in einem Zustand, den man Demut nennt. Das Senken des Kopfes ist eine Demutshaltung. Es geschah von ganz allein, ich beobachtete es nur. In der Demut finde ich meine wahre Identität, jenseits von dem illusionären Selbst, das ich einst anstrebte. Einst war ich voller Hochmut, aber mit der Zeit verlor er an Bedeutung.

Es war ein weiter Weg, vom Hochmut zur Demut. Ich komme so ganz allmählich in eine Haltung, in der ich mir selbst genug bin. Damit will ich nicht sagen, dass ich kein Bedürfnis nach Liebe und Zuwendung hätte. Ich meine damit, dass ich nichts erreichen muss, weil ich alles, was ich jemals erreichen könnte, bereits in mir habe. Sowohl von außen als auch von innen erfahre ich Liebe und Zuwendung. Das habe ich heute wieder gespürt, in der Kathedrale, in diesem Raum der Stille. Es ist eine Erfahrung, die trägt. Autoren wie

Bonhoeffer widmeten ihre Texte und Gedichte diesem Thema der guten Mächte und der inneren Geborgenheit. Zur Selbstgenügsamkeit gehört für mich auch, meine Schattenseiten anzunehmen. Ich muss sie nicht leugnen, und ich muss nicht versuchen, sie zu bekämpfen (das wäre ein aussichtsloser Kampf). Ich kann sie in Demut annehmen.

In jenem Moment, als ich vorgestern, am Ende meiner langen Reise, glücklich diesen Platz vor der Kathedrale von Santiago de Compostela erreichte, war ich - rückblickend betrachtet - von Demut erfüllt. Als ich dort auf den warmen Steinen lag, da gab es keinen Stolz in mir, nur reine Freude und tiefe Dankbarkeit. Der Stolz auf mich kam erst später auf, bezüglich der vielen gegangenen Kilometer. Stolz darf sein, denn mein Ego ist immer noch vorhanden, und ich kann es akzeptieren. Es beansprucht nicht mehr so viel Raum wie früher.

Fisterra

"Es kommt niemals ein Pilger nach Hause,
ohne ein Vorurteil weniger
und eine neue Idee mehr zu haben."

(Thomas Morus)

10. Juni: Frieden

Eigentlich wollte ich schon gestern nach Hause fliegen. Aufgrund der späten Buchung hätte der Flug ein Vermögen gekostet. Die Flugpreise richten sich vermutlich nach Angebot und Nachfrage. So entschied ich mich, erst am 11. Juni zu fliegen. Der Flug war immer noch teuer, aber bezahlbar. Eine Bahnfahrt wäre aufgrund der gewaltigen Entfernung nicht machbar gewesen, ich hätte unterwegs zwei Übernachtungen benötigt.

Ich hatte ja gehofft, auf dem Camino Klarheit zu bekommen, was das Leben in meinem Ruhestand noch von mir will. Diese Hoffnung hat sich nicht erfüllt. Es kam keine Stimme vom Himmel, die es mir offenbart hätte. Ich hatte ja schon vor der Wanderung zwei Möglichkeiten für ein Ehrenamt ins Auge gefasst: eine schwerere und eine etwas leichtere. Ich habe mit Bernd gesprochen, einem Pilger, der einige Jahre Erfahrung mit der schwereren hatte. Er sagte zu mir: "Du kannst das." Ich habe ihm nur wenig von mir erzählt, er kannte mich kaum. Er konnte nicht wissen, was ich kann oder nicht kann. Es war nur so dahergesagt, klang wenig überzeugend. Ich glaube, es ist eine gute Idee, zuerst einmal das leichtere Amt zu übernehmen, da hineinzuwachsen, und mich dann vielleicht später am schwereren zu versuchen.

140

Ich möchte Menschen Ersthelfer sein. Ich habe Hilfe erfahren. Ich möchte den Menschen ein wenig von dem weitergeben, was mir geschenkt wurde. Ich machte mich auf den beschwerlichen Weg, meine Kindheits-Traumata aufzuarbeiten und habe sie mit professioneller Hilfe integrieren können. Ich habe diese innere Sicherheit und Kraft gefunden. Ich habe alle Ressourcen in mir, um mit den psychischen Belastungen klarzukommen, die diese Arbeit mit sich bringen wird. Ich werde Supervision haben, und hilfreiche Kollegen. Ich muss es nicht allein schaffen. Ich fühle mich stark.

Meine Trauma-Therapeutin sagte zu mir: "Mach das. Du wirst es können." Es ging um das leichtere Amt (über das schwerere hatten wir nicht gesprochen). Sie hat mich während der Therapie sehr gut kennengelernt. Und sie kennt sich gut aus mit der menschlichen Psyche. Wenn sie das sagt, dann kann ich es annehmen. Die Kenntnisse und Fähigkeiten, die ich für diese Arbeit brauche, werde ich in einer zweijährigen Ausbildung lernen. Meine Compostela wird mir bei der Bewerbung hilfreich sein.

Es ist wie auf dem Camino, dem Jakobsweg: Ich wusste am Anfang nicht, ob ich es kann, ob mich meine Füße so weit tragen werden. Ich konnte es nur herausfinden, indem ich mich auf den Weg mache, mich traue, es mir zu-traue. So wie es beim Pilgern gut ist, die Etappenlänge am Anfang etwas kürzer zu wählen, so wird es gut sein, zuerst das leichtere Amt zu übernehmen. So wie beim Pilgern das Gehen Freude machte, so soll auch das Ehrenamt Freude machen. Es soll keine Last für mich sein. Ich möchte meinen Ruhestand genießen. Ich weiß, wo ich hin will. Ich habe genug Klarheit gefunden, um mich auf den Weg zu machen.

Nun, am Ende des Camino del Norte, würde ich sagen, dass das Pilgern keine Antworten auf offene Fragen liefert. Es zeigt uns aber, was uns möglich ist, wenn wir uns aus unserer Komfortzone heraustrauen, und uns auf den Weg machen. Wenn wir bereit sind, die Herausforderungen anzunehmen, die uns begegnen werden. Wenn wir bereit sind, das Unangenehme in Kauf zu nehmen, das uns begegnen wird: nass, windig, matschig, rutschig, auch mal etwas schmerzig hier und da: Es gehört dazu, ebenso wie das Beglückende, was uns auch begegnen wird. All das wird uns begegnen, wenn wir wage-mutig sind, uns auf äußere Unsicherheiten einzulassen, und neue Erfahrungen zu machen.

Und indem wir all das erfahren, lernen wir, unserem Körper zu vertrauen, der uns trägt, Tag für Tag, Kilometer für Kilometer. Und dann lernen wir, uns selbst zu vertrauen. Und alles, was unangenehm ist, lernen wir zu akzeptieren, und damit weiterzugehen, auch wenn wir unter dem Regenzeug im eigenen Saft gehen, und schwitzend vor uns hin dampfen. Grenzen gibt es nicht, "es geht" immer weiter. Und auf Regen folgt wieder Sonne. Und es ist wunderschön, all das zu er-leben. Was wir auf dem Camino finden können, ist dieser innere "Frieden, der höher ist als alle Vernunft" (Philipper 4,7). Ich habe ihn in den Gesichtern der Pilger sehen können, nicht bei allen, aber bei einigen von ihnen.

Spanische Arbeitgeber sehen es angeblich gern, wenn die Compostela der Bewerbung beigelegt wird. Sie macht deutlich, dass man bereit ist, Herausforderungen anzunehmen und sich auf äußere Unsicherheiten einzulassen, was von einer gewissen inneren Sicherheit zeugen kann. Nur wenige Menschen sind dazu bereit, sich auf den Weg zu machen, ihre Komfortzone zu verlassen, und sich auf äußere Unsicherheiten einzulassen. Je älter man wird, desto schwerer fällt es, weil man es sich immer mehr in seiner Illusion von Sicherheit bequem gemacht hat. So war es zumindest bei mir. Es war für mich sehr befreiend, aus der Illusion auszusteigen.

Den Camino del Norte zu gehen, diese 828 Kilometer: Es ist gar nicht so schwer, wenn man einigermaßen gesund ist (schon nach einer Woche des Weges hat man das herausgefunden). Der schwierigste Teil ist, sich auf den Weg zu machen und den ersten Schritt zu tun.

Gestern erstrahlte das Kap Fisterra in hellem Sonnenschein. Ich saß lange auf den Felsen, schaute aufs tiefblaue Meer, und beobachtete die gegenläufigen Strömungen, die das Kap umspielten. Heute Morgen nahm ich bei Sonnenaufgang ein Bad im Meer, am kleinen Sandstrand des Ortes Fisterra. Es war schnatterkalt, ich bin schnell wieder raus. Dann eine warme Dusche, und in aller Ruhe das Frühstück genießen.

Es war eine wundervolle Zeit. Ich blicke dankbar auf all das zurück, was ich in diesen insgesamt acht Wochen in Spanien erleben durfte. Auch bin ich dankbar für das schöne Wetter, das mir auf dem Weg geschenkt wurde, mit nur wenigen Regentagen und einer Fülle von Sonnenschein.

Nun lasse ich die Seele baumeln, am weiten Sandstrand "Praya de Llagosteira", bei strahlender Sonne und frischem Wind. Das Meer präsentiert mir ein Schauspiel aus schimmernden Blautönen, von leuchtendem Hellblau bis geheimnisvollem Dunkelblau, und es glitzert in der Sonne. Immer mal wieder kommt ein Pilger mit Rucksack vorbei, auf seinem Weg zum Kap, zum Cabo Fisterra. Ein schöner Ort, um Abschied zu nehmen, vom Camino, und von Spanien, und seinen gastfreundlichen Menschen. Morgen werde ich nach Hause fliegen.

Bilder vom Weg

Wegweiser an der Pilgerherberge von Irún

Bilbao, mit der Fußgänger-Hängebrücke

Blick in Richtung Islares

Playa de Arenillas

Turbulenzen am Playa de Berria

Playa Perros de Helguera

Infotafel der Gemeinde Santillana del Mar

Playa de Luana

Auf dem Weg nach Comillas

Ein typischer Hórreo (Maisspeicher)

Felsenküste bei Salinas

Der Autor vor der Palme

Matsch auf dem Weg nach Soto del Barco

Die Schaukel am Playa de Porcía

Das Felsentor am Playa de Penarronda

Stahl-Brücke bei Vilalba ("Doing-Dong")

Sankt Christophorus (Kirche in Vilalba)

Beklebtes Ortsschild von Santiago

Ankunft an der Kathedrale von Santiago

Nachwort

Gestern Morgen saß ich bei Sonnenschein in unserem Garten. Unsere Hündin lief spielend um mich herum. Ich freute mich, nach meiner Reise wieder zu Hause zu sein. So schön, ein Zuhause zu haben, wohin man zurückkehren kann. Mein Blick fiel auf unseren neuen Zaun. Er wird wohl noch stehen, wenn ich nicht mehr Bewohner dieser Welt sein werde. Zuvor hatten wir einen schlichten Holzzaun. Als wir unser Haus seinerzeit gebaut hatten, hatten wir nicht das Geld für einen teuren Zaun. Im Laufe der Jahre gefiel mir dieser einfache Bretterzaun in seiner Schlichtheit immer besser. Ich hatte ihn ja selbst gebaut: Die Löcher gegraben, die hölzernen Pfosten einbetoniert, die Bretter gesägt und angeschraubt, und das Türchen gezimmert. Der Zaun brauchte etwas Pflege, alle paar Jahre einen neuen Anstrich.

In der Nacht träumte ich von unserem großen Grundstück. Es war im Traum viel größer, als es tatsächlich ist. In die Außengebiete kam ich selten hin. Ich träumte, wieder mal hingegangen zu sein. Da waren die Felsen, die ich auf meiner Pilgerwanderung gesehen hatte. Plötzlich sah ich, dass der Zaun unvollständig war. Einige Bretter fehlten. Ich erschrak, denn unsere Hündin könnte da leicht drüber springen. Ich dachte, ich hätte vergessen, die Bretter anzubringen. Dann wurde mir klar, dass Unbekannte die Bretter abgeschraubt hatten. Sie hatten mit dem Holz ein Lagerfeuer gemacht. Es rauchte noch zwischen den Felsen. Ich war zornig. Ich wollte eine Wildkamera zwischen den Felsen aufstellen, um zu sehen, wer die Unbekannten waren. Doch es gab keinen geeigneten Platz dafür. Ich wollte die Polizei rufen, doch es gab keine Polizei. Und dann war ich einverstanden damit, dass mein Zaun verbrannt worden war. Er hatte ja lange genug gestanden.

Als ich erwachte, wurde mir klar, dass ich in diesem Traum den Abriss des von mir gebauten Bretterzauns verarbeitet habe. Wir ließen in diesem Frühling vor meiner Pilgerreise unseren neuen Zaun von einem Zaunbau-Unternehmen errichten. Es tat weh, zu sehen, wie die Männer mit Vorschlaghämmern die Bretter wegschlugen, die ich vor 25 Jahren in liebevoller Arbeit angebracht hatte. Als ich erwachte, wurde mir klar, dass das im Traum gesehene große Grundstück für meine ganze Existenz steht. Sie ist viel größer, als sie zu sein scheint. Die Felsen stehen für die Ewigkeit. Der Zaun steht für meinen alternden Körper. Ich will gut zu ihm sein. Er wird immer mal wieder etwas Pflege brauchen. Irgendwann wird er abgerissen und dem Feuer übergeben werden. Dann werde ich von meiner Lebensreise nach Hause zurückkehren.

Bevor ich gestern in den Garten ging, las ich nach einem späten Frühstück die Tageszeitung. Dort war ein Artikel über die "Bucket List" zu lesen. Das ist eine Liste dessen, was man noch tun möchte, bevor man den Löffel abgibt. Ich musste schmunzeln, weil der Artikel für mich so passte. Ich habe ja gerade mit meiner Pilgerreise einen Punkt auf meiner Bucket List abgearbeitet. Ein weiterer Punkt wird die Veröffentlichung dieses Buches sein. Es entstand auf meiner Pilgerreise. Diese Reise steht für mein ganzes Leben. Es wird schön sein, am Ende der Reise wieder nach Hause zu kommen.

Danksagung

Ich danke meiner Frau Jutta, dass sie mich hat ziehen lassen, nach Spanien, in mein Pilgerabenteuer. Zwei Monate sind eine lange Zeit. Sie hat sich in dieser Zeit allein um Hund, Haus und Garten gekümmert, wofür ich mich an dieser Stelle herzlich bedanken möchte. Ich danke ihr insbesondere, dass sie seit 37 Jahren als Ehefrau an meiner Seite ist. Sie hat es mit mir ausgehalten, als ich aufgrund meiner Traumatisierung so sehr in mir verschlossen war. Das zeigt mir, wie sehr sie mich liebt.

Ich danke meiner Tante Elfriede und meinem Onkel Wilhelm. Sie waren in meiner Kindheit für mich da.

Ich danke meiner Trauma-Therapeutin Annett.

Ich danke meiner Freundin Astrid für das aufmerksame Korrekturlesen.

Ich danke den Menschen, die mir beim Pilgern begegneten.